ることができました。できる人の行動を分析し、共通点を抽出し、それらを真似てもらえれば成果が出る。私自身もそうしたコンサルティング手法に成功体験を得て、手応えを感じていました。

しかし、近年は今までとは違った相談の声が上がってきて、そうした支援だけでは対応できなくなってきたのです。

「昨年は上位20％に入ることができたが、今年は中程度の評価だった」

「5年前はトップ5％の評価であったが、今は下位20％で転職を考えている」

各社の働き方改革を推進するプロジェクトメンバーは各部門を代表して選出された成果を出している優秀な方々ですが、**成果が安定しない**というのです。それは、不確実で不安定な環境の影響もあり、成果を出し続けるためには、変化に柔軟に対応することが求められているからでしょう。

一方で、コロナ禍でも、部署が変わっても、リーダーが変わっても、会社が変わっても成果を出し続ける人たちがいます。良い成績を出した時があるのではなく、出し続けているのです。

これを「ラッキー（幸運）」とくくってしまうのは安直。

そこで、私は「できる社員の行動習慣をただ真似るだけでは成果を出し続けるのは難しいのではないか？」「なぜ一般社員と異なる行動をするのかに、成果を出し続けるためのヒントが隠されているかもしれない」と考え始めました。

これまでできる社員を起点として、一般社員との行動習慣の違いを抽出し、一時的に成果を出すことができました。しかし、７００回を超える再現実験を通じて、変化の激しい時代に成果を上げ続けるには、**行動習慣とそれを支える思考法の両方が必要**であることがわかりました。そこで、**状況を考えながら行動する「考動（こうどう）」にフォーカスしてまとめたのが本書です。**

正直この本は今までいちばん苦労して書き上げました。できる人の行動を真似るだけではなく、思考法まで掘り下げないといけなかったからです。

各社・各社員の環境や能力が異なるなかで、オンライン研修や期間限定キャンペーンを通じて実証実験をおこない、実施前よりも効率と効果が上がったら、「再現性あり」として、ほかの会社でも検証を広げていきました。こうした地道な検証実験によって、適宜修正を重ね、**成果を出し続けるための答え**に行き着きました。

本書は、再現実験の結果に基づいて執筆しています。**こうした考えや行動が正しいのであろう」といった個人の感覚や経験に基づくものではなく、集合知や実験結果といった客観的なデータを元に、再現性のあるものだけをまとめています。**

なぜならこの書籍は、「知ること」が目的ではなく、「やること」「できること」を目指しているからです。一人でも多くの読者の皆さんに思考と行動を変えて、変化を実感して頂きたいのです。

最小の労力で最大の成果を生み出す思考と行動のプロセスをぜひ自分のものにしてください。

Contents

はじめに――できる社員の思考・行動は正解なのか？　001

第1章 成果を出し続ける人だけが生き残る時代

最小の時間で最大の成果を出す　012
「やめること」を決めることが求められる時代　015
ウェブ3・0時代、ジョブ型雇用に順応できる人材　020
Column 「好きな仕事」という考えを改めたほうがいい理由　026

第2章

17万人の分析でわかったできる社員の思考法

17万人のデータをAI分析 032
デザイン思考で共感する 040
批判的思考で残業を減らす 048
ハイポ思考で情報収集が+35%早い 056
「共創」して作業範囲を狭める 064
成功したときこそ立ち止まって考える 070
逆算思考で段取り力が違う 076
アナロジー思考で抽象度を上げる 082
思考停止を防ぐ内省 090
Column
コンプレックスを味方にする方法 095

第3章 最小の時間で最大の成果を出すインプット

エッセンシャル思考でより少ない労力で成果を出す 100
どうしたら長時間労働はなくなるのか? 102
5つの認知バイアスが未来予測を狂わせる 107
仮説+メタ認知で検証する 112
精度70%を目指す 115
アウトプットありきでインプットする 116
あえて検索時間を制限する 119
必要な情報を探し出す3原則 124
無料情報でビジネストレンドをつかむ 129
リアル人脈で脱ネット依存 132
Column 時価総額で世界一になったマイクロソフトとNTTの共通点 135

第4章 最小の時間で最大の成果を出すアウトプット

「ブレイクスルー・インプット法」で早く確実にアウトプットする 142
顧客やリーダーが求めるのはインサイト 149
ソリューションとイノベーションの違いを理解する 155
ゲンカミ法でメンバーと共に解決策を話し合う 160
「自分の頭で考える」とはどういうことか？ 164
論理で考えてバイアスを取り去る 168
コンビニのドーナツ戦略の失敗を考察してみる 172
「バリュー・プロポジション・キャンバス（ＶＰＣ）」で相手視点で考えてみる 177
マイクロソフトのエグゼクティブ思考トレーニング 181
自己効力感を高める仕組み 186
Column
批判的思考で「ビデオをＯＮにしない若手」を掘り下げてみる 190

第5章 ジョブ型評価の世界で成果を出し続けるために

セルフDCAを回す 196
成果は見せていくもの 199
レジリエンスでストレスとうまく付き合う 203
相手に〝伝わる〟コミュニケーション術 206

あとがき ― 時間を生み出して成果を出し続ける 210

第1章

成果を出し続ける人だけが生き残る時代

最小の時間で最大の成果を出す

マイクロソフトの役員を卒業し、働き方改革のコンサルティング会社であるクロスリバーを立ち上げて6年が経ちました。

クロスリバーのメンバーは、設立当初から全員が週休3日、複業、そしてリモートワークをおこないながら、８００社以上の働き方改革を支援してきました。

できる社員がなぜその行動習慣をもっているのか？　調査を続けると、どんな考え方をもっているのかが見えてきました。とはいえ、思考法とはあくまで手段に過ぎません。断片的な思考法だけではずっと成果を出せるというものではありません。

では、どうしたら成果を出し続けられるのでしょうか？

できる社員たちは決してＩＱが高い人たちばかりではありません。むしろ、ＩＱや学歴が低い人たちも多くいました。彼らがしていたことは、**限られた時間のなかでエネルギーを正しいところに傾けてアクセルを踏み続けていただけだった**のです。

〝散歩していたら富士山の頂上に着いた人はいない〟

これが、できる社員を分析することによってたどり着いた結論です。

半年後に富士山を登頂するというゴールがあるのならば、今アクセルを踏んだほうがいいのか、ブレーキをかけるところなのか。できる社員は最小の時間で最大の成果が出せる方法を思考していました。

頑張れば頑張るほど成果が出る。いくら残業しても成果が出ない。どんな事象にも必ず原因があります。**目的を明確にして、それを実現するメカニズムを発見しないと、成果を出し続けることはできません。**

これが、頑張っている社員が抱えていた「成果が安定しない」悩みの答えでした。

できる社員は限られた時間のなかで
正しいところにエネルギーを傾け、
アクセルを踏み続けている

運が良くて成果を出す人はいます。でも、それが自分の実力ではないことを冷静に見極め、その偶然の運を必然にするためにはどうしたらよいのかを、できる社員は考えているのです。

成果には理由がある。
目的があるから、正しい手段を選べる。

まずは、この視点に立って本書を読み進めてみてください。

「やめること」を決めることが求められる時代

できる社員は最小の時間で最大の成果が出ることにエネルギーを傾けているから成果が安定すると述べました。

時間の使い方について、17万人の調査を通じて、勤務状況が見えてきました。２０１９年の労働基準法改正（いわゆる働き方改革関連法の施行）により、労働時間の制限が設けられましたが、実態は労働時間がさほど減っていませんでした。

従業員が会社に提出する勤務票では、２０１８年と２０２１年の労働時間はおよそ13％減少していました。（５０６社を対象にしたクロスリバーによる調査）

しかし、７万８千人の従業員を対象に匿名式のアンケートを取ると、「労働時間は増えている」もしくは「時間が足りない」と回答した人は全体の89％に至り、業務量が増えて労働時間が増えている人も含め、約９割が〝時間がなく忙しい〟のです。

販売や接客サービス、物流、建設、製造など、人手を増やして利益を上げる労働集約型のビジネスモデルの企業は危機的状況です。人材不足が既存社員の労働時間の増加を引き起こしています。デジタル化が進んでいない現場ではなおさら、人と時間が足りないのです。さらに、少子高齢化は加速し、生産年齢人口の減少に歯止めがききません。

こうした危機に面した時こそ、「考動」(思考と行動)を変えるチャンスです。従業員が働く時間当たりに生成される売上や成果物などのアウトプット、つまり時間生産性を高めるためには「これまで通り」は通用しないのです。

時間生産性を高めるうえで、最も効果があるのは「**やめることを決めること**」です。2時間かけていた作業を1時間に時短するよりも、無駄な業務をやめたほうが時間生産性は高まります。

しかし、誰しも「無駄だと思ってやっている仕事」はないのです。「良かれと思ってやっていたこと」が無駄だったのです。

過去の行動と成果を振り返り、成果につながらないことをやめていく必要があります。

2022年3月に約17万人を対象にした調査をしたところ、1週間に費やす稼働時間のうち、45%が社内会議、14%が資料作成、9%がメールの処理でした。(図1)

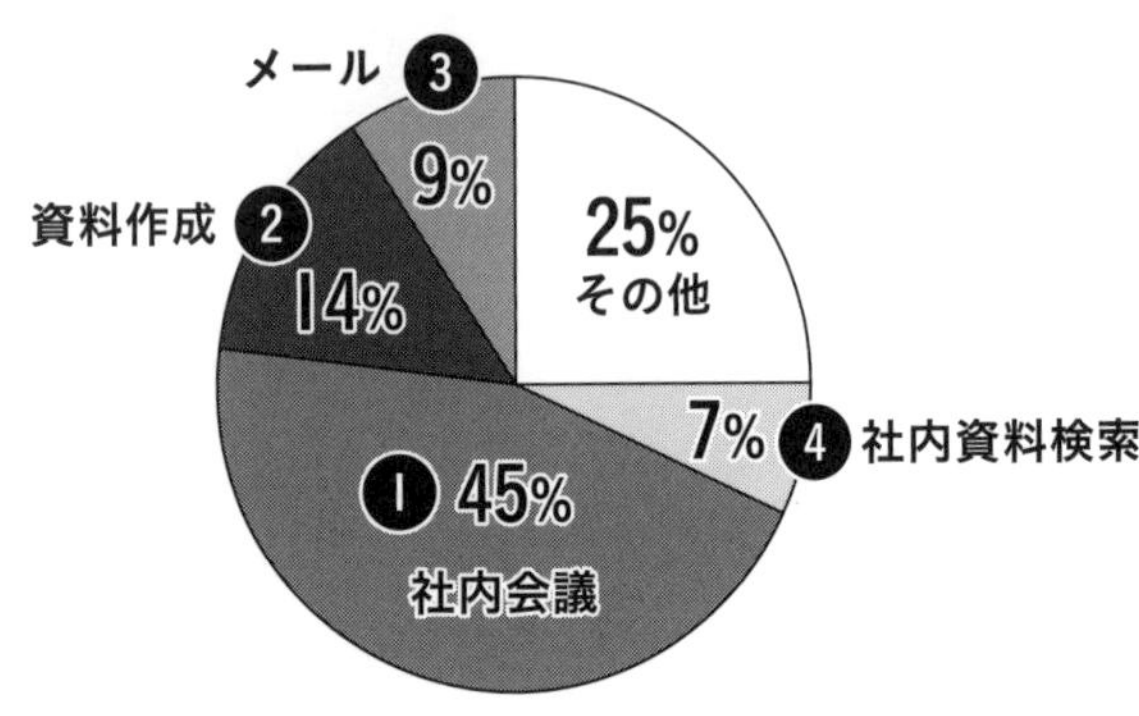

図1

会議のための会議をしても報告だけしてアクションが決まらなかったり、見栄えのするPowerPointの提案資料を苦労して作成しても採用されなければ意味がありません。

つまり、思考停止して目の前の仕事をこなすのではなく、**しっかり考え抜いて「やらないといけないこと」「やるべきこと」を絞り、そこにエネルギーを注力することで、より少ない労力でより大きな成果を出すことができます。**

忙しくて時間がないときこそ、思考をめぐらせて、「良かれと思ってやってしまったこと」をやめないといけません。なぜ時間が奪われるのかを追及し、その根本原因を取り除く工夫をしないと、「残業沼」から抜け出すことはできません。

また、意識変革を目指して、その後に行動を変えようとする企業が多いのですが、うまくいきません。意識が変わるのを待っていたら5年も10年もかかります。働き方改革に成功している企業は、**意識変革の前に行動変革**をしています。

成功企業は、まず仮説を元にして、少しだけ行動を変えます。その後、行動を振り返り、「意外と良かった！」を実感させて、社員たちの「腹落ち感」を醸成していました。

月に一度だけ社内メールをやめてビジネスチャットにしてみたり、今週だけ60分会議を45分に設定したり、小さな行動実験を積み重ねて、「意外と良かった」と回答する人を増やしていくのです。そうなれば、無駄なものをやめて正しい行動をする思考に変わり、最短距離で成果を出す人材が増えていきます。

ウェブ3・0時代、ジョブ型雇用に順応できる人材

「自分で考えてやれ！」

読者の皆さんは、リーダーからこのように言われていませんか？ 「残業はするな！でも目標は達成しろ！」と無茶な指示を受けているのではないでしょうか。

目標達成のために自分で考えて、「必要な行動」をするようにリーダーは指示します。なぜなら、顧客や市場の複雑なニーズを肌感で知っているのはリーダーではなく現場のメンバーだからです。

「残業せずに、成果は上げろ」しかし、その方法をリーダーは教えてくれません。いや、リーダーもその術がわからないと言ったほうが正確かもしれません。

正解がわからず、「自分の頭で考える」が求められているなか、渦中のメンバーは複雑な気持ちでしょう。

「自分で考えて仕事をする」というのは、働きがいにつながる裁量権（自由と責任）を得られたのと一緒ですが、働く時間を少なくして、これまで以上に成果を上げるという難題の解決方法はリーダーも部下も誰も教えてもらったことがありません。

だからこそ、根本的に考え方と働き方を変えて、この難題に対峙していかないといけないのです。

「言われたことだけやれ！」

私は１９９６年に社会人となり、大手通信会社に就職しました。営業部に初期配属され、上司である課長から頭ごなしに言われたのは「言われたことだけやれ！」でした。

当時はモノ消費でしたので、顧客は企業名、ブランド名、機能、価格でモノを買います。イノベーションは研究開発室で起きて、テレビＣＭで宣伝すれば認知されてモノが売れました。営業担当はマニュアル通りに紹介すればモノが売れる時代です。ですから、現場は考えてはいけないのです。上司から言われたことだけやったほうが利益は上がるし、社員も幸せなのです。

いわゆる階層型命令組織です。当時、私は台風のときに４時間かけて出社してリーダーにすごく褒められました。そして出社直後に衝撃の一言を言われました。「よく来たな。疲れただろう。もう帰っていいぞ」と。会社と上司への忠誠心が人事評価でした。考えないで言われた通りやった者が評価される時代でした。

しかし、今は通用しません。ウェブ3・0の用語でＤＡＯ（ダオ）という言葉を聞いたことはありませんか？　ＤＡＯとは、３つの言葉の頭文字を取っています。最初のＤはDecentralized（ディセントラライズド）で中央集権ではなく、全員フラットな関係性であることを意味しています。ＡはAutonomous（オートノマス）、つまり自主的、自律的を表しています。そしてＯはOrganization（オーガナイゼーション）で、組織を意味しています。

これらの頭文字を取ってＤＡＯ＝分散型自律組織と言われています。このＤＡＯで求められているのが「自律型人材」です。

企業内での教育時間が減少しており、「自発的に学習して基礎能力を身に付けた者」と「受け身の姿勢で自ら学ばなかった者」の二極化が生まれています。

前者の自律型人材は、自らの基礎能力を実際の業務で活用して成果を残し、かつ副業やＮＰＯ活動など社外においても活躍の場を広げていきます。

自律的に学習し成長スピードが早い人材は社内外で引く手あまたになるのです。

これまでのように企業の人事部が研修を用意して、仕方なく受講するという受け身の学習は減少していきます。業務をおこなううえでの最低限のスキルは企業研修として提供されますが、それ以外の能力は従業員が率先して学習していく形式に変わっていきます。

自発的に学習して成果を残し、社内外で活躍の場を広げ、自分の意志で働き方や働く場所を選ぶことができる人材が増えていきます。これが「自律型人材」です。

変化が激しく不確実な現代では、プロセスではなく成果を評価するトレンドが加速します。また、少子高齢化の流れは加速し、国内需要をあてにしたビジネスを展開している日本企業は厳しい状況に置かれます。人材獲得競争は激しさを増し、従業員の賃金を上げざるをえず、財務状況は悪化していきます。そうなると従業員に投じる教育費は減少し、労働者側の自律学習が求められるようになります。時間をかけて社員を教育するのではなく、即戦力人材を社外から引き抜いたり、プロ人材を業務委託として採用する傾向が顕著になります。

このトレンドでは、若手社員は不利です。教育機会が減っていくのにアウトプットを評価されるからです。これまで時間とお金をかけて育成された30代の先輩たちと同じ基準で評価されるのです。

さらに、ジョブ型雇用で職責が明確になることで、他者からの協力が得られないケースが増えていきます。成果に対する評価がエスカレートして、先輩がライバルになることすらありえます。

1970年代から1990年代の経済成長期は、長い時間をかけてスキルを習得して、それで一生食っていけるという時代でした。若いうちは師匠の言うことを聞いてただひたすら頑張っていれば一人前となれるパターンです。若いうちはスキル習得に専念し、成果を出さなくても給与は下がりません。我慢して会社に忠誠を誓っていれば給与は年々上がり60歳定年までクビになることはない。定年退職したら多額の退職金をもらい悠々自適に隠居生活を過ごすことができる。これがかつての幸せのストーリーでした。

しかし、今はそのストーリーが通用しません。悠長に時間をかけてスキルを磨いていたら、激しい変化に対応できなくなります。

とくに思考＋実践法は体系化することが困難で、社内研修で教えることができる人は少ないです。たとえば、「私の思考実践法は次に挙げる7つです」と説明できる人はいないでしょう。無意識に自然とやっている思考法をまとめること、そしてそれを教えることは至難の業です。ジョブ型雇用・成果主義が進み、同僚がライバルとなりうる職場環境では、なおさら他者から学ぶ機会は失われていきます。

このような状況では、たとえ若手であっても、「待ち」の姿勢でいたら学習し成長することはできません。「自分から率先して学ぶ」姿勢が求められます。

会社の研修を仕方なく受けるのではなく、自分から率先してスキルを磨いていくのです。オンライン講座やＹｏｕＴｕｂｅ、読書、セミナーなどに参加して能力を高めていくことが求められます。

Column

「好きな仕事」という考えを改めたほうがいい理由

大学や専門学校で授業をしており、またクライアント各企業で若手向け研修をおこなっているので、20代や30代の方々からキャリアに関する相談を受けます。

よくあるのが「好きなことを仕事にしたいのですが、どう思いますか?」という質問です。

結論から言うと、私は「お勧めしない」と回答します。理由は2つです。

好きなこととは、自分が好きだと思っている「対象」があるということです。たとえば、私は甘いものが好きですし、オートバイが好きですし、車も好きですし、ロードバイクも好きですし、トライアスロンも好きです。「好きの対象」はこれだけあります。その対象が好きなことと、得意なこととは、〝ズレ〟があります。

たとえば、私はフルーツパフェが好きです。しかし、私はフルーツパフェを食べるのが好きなのであって、フルーツパフェの専門店を経営しようとは思わないのです。私が好きなことの対象は、フルーツパフェですが、私が得意なことは、フルーツパフェの違いがわかることです。

たとえば、資生堂パーラーは苺のパフェがいちばんおいしいと思います。つまり私は、ほかと比べたときの良さがわかるのです。資生堂パーラーのなかでおいしいものがわかるし、東京のなかでおいしいフルーツパフェは、千疋屋のシャインマスカットフルーツパフェです、というような違いがわかるのです。私が得意なことは、フルーツパフェのお店を経営することではないのです。

つまり、私が好きなのは、フルーツパフェを食べることであって、作ることではありません。フルーツパフェを作ることが好きでも、得意なことでもないので、フルーツパフェ専門店を経営することはないのです。

この例でいうと、フルーツパフェの違いを評価するのは、好きなことでもあり、得意なことでもあると思います。好きなことは対象、つまりＷｈａｔです。一方、得意なことは方法でありＨｏｗです。ＷｈａｔとＨｏｗが同時に仕事にできるのならいいですが、Ｗｈａｔだけで仕事を決めるのは自分の得意を発揮できないので、途中で辞めてしまうと思うのです。これが１つ目の理由です。

２つ目の理由は、この「好き」も多岐にわたり、それに従事できるかはわからないからです。

たとえば、私はサッカーも好きです。さらにＨｏｗを掘り下げると、サッカーを観ることが好きです。サッカーをプレーすることが好きなのではありません。

一言で「サッカーが好き」といっても、様々な「好き」が含まれています。観るのが好き、ゲームをするのが好き、選手を応援するのが好き、守備が好き、分析が好き……多種多様です。

「サッカーが好き」というだけで、サッカー関連の仕事を選んでしまうと、「違う好き」に従事することになってしまうリスクがあると思います。サッカーを観戦するのが好きなのに、サッカースパイクのメーカーに入社して、素材の研究をするのは、自分の「好き」ではないわけです。もちろん、好きなサッカーに関わりたいということで、スポーツ用品メーカーに入っている方もいると思います。つまり、それはサッカーというスポーツを盛り上げたいと思い、その手段として、最高のスパイクシューズを作るのであれば良いと思うのです。

好きの対象であるＷｈａｔだけに固執するのではなく、それをどうすることが好きなのか、つまりＨｏｗを掘り下げることで、自分のやりたい仕事が見えてきます。

社会人になって自分の能力を価値に変えていくことができて、それが自分の好きなことであれば最高です。

仕事ができる人は、自分が担当している仕事に熱中しています。そして、優秀な経営者は、損得よりも先に自分の興味関心で動き、結果としてビジネスが成功しているのです。

興味関心がもてるものは、自分が得意なこと、ほかの人ができないけど自分が得意なことを見つけることができて、価値に変換しやすくなります。

この思考をもつと仕事の選び方は変わってきます。

読者の皆さんは、今の仕事のなかで得意なものと不得意なものがあると思います。「なぜ得意なのか?」を掘り下げていくと、「今の仕事は自分の好きなＷｈａｔではないけど、私にはこんな得意なＨｏｗがあるから活かしてみよう」と、自分の得意を活用する前向きな姿勢になります。

好きなことのＷｈａｔ、得意なことのＨｏｗ、これをしっかりと切り分けて仕事に取り組むと、仕事の楽しさに気づくことができます。

第2章

17万人の分析でわかった できる社員の 思考法

17万人のデータをAI分析

誰しも1日24時間は均等に手にします。同じ年度に同じ会社に入社して同じ時間を過ごしても、各人が出す成果に違いが出るのはなぜでしょうか？

優秀な大学を卒業したので、もともとIQが高かったからでしょうか？

偶然にも気が合うリーダーの元で働くことができたからでしょうか？

そうした能力や運によって、成果が左右されることはあります。

しかし、クライアント各社にはソリが合わないリーダーの下で働いても、開発部門から人事部へ社内異動後でも、コロナ前もコロナ禍でも一定数の「成果を出し続ける社員」がいます。彼らは決して高学歴ばかりではないことはお伝えした通りです。

できる社員の行動習慣には共通点がありました。今回の調査では、なぜそれをしているのかを突き詰めて、できる社員は最小の時間で最大の成果を出すための一連のプロセスをもっていることが明らかになりました。

まずは具体的にどのような手法でＡＩ分析して、成果を出し続けるプロセスを解明したのかをご紹介していきます。

ステップ１：データ収集

ランダムに抽出した従業員の行動履歴を取得します。メールの送受信履歴、ビジネスチャットの会話履歴、作成した資料ファイル一式、オンライン会議の録画データ、ソフトウェアの利用履歴、クラウドサービス利用履歴、多種多様なオンラインアンケート結果、個別ヒアリングの録音データ、各組織の働きがい診断結果、過去5年間の人事評価、社内異動履歴など90種類以上のデータを収集しました。

ステップ2：データ変換

データ分析をするためには、アナログの情報をデジタルに変換する必要があります。たとえば、ヒアリングで録音した音声を文字に変換する必要があります。こうした音声データはSpeech to Text APIというＧｏｏｇｌｅのＡＩ（人工知能）サービスを使って、文字に変換しました。一部は、キャスター社が提供するオンラインアシスタントサービスによって文字起こしをしました。

ステップ3：クレンジング（前処理）

ＡＩ分析を実行する前に、エラーデータを特定して解決する必要があります。うまく変換できなかったデータ、誤字や脱字、破損したデータ、不要なデータなどを探して、除去しないといけません。誤入力や誤変換のチェックと修正もおこないます。このクレンジング作業は、弊社のメンバーたちがほとんどおこないました。専門知識がある人間でないと、必要かどうかの判断がつかないのです。

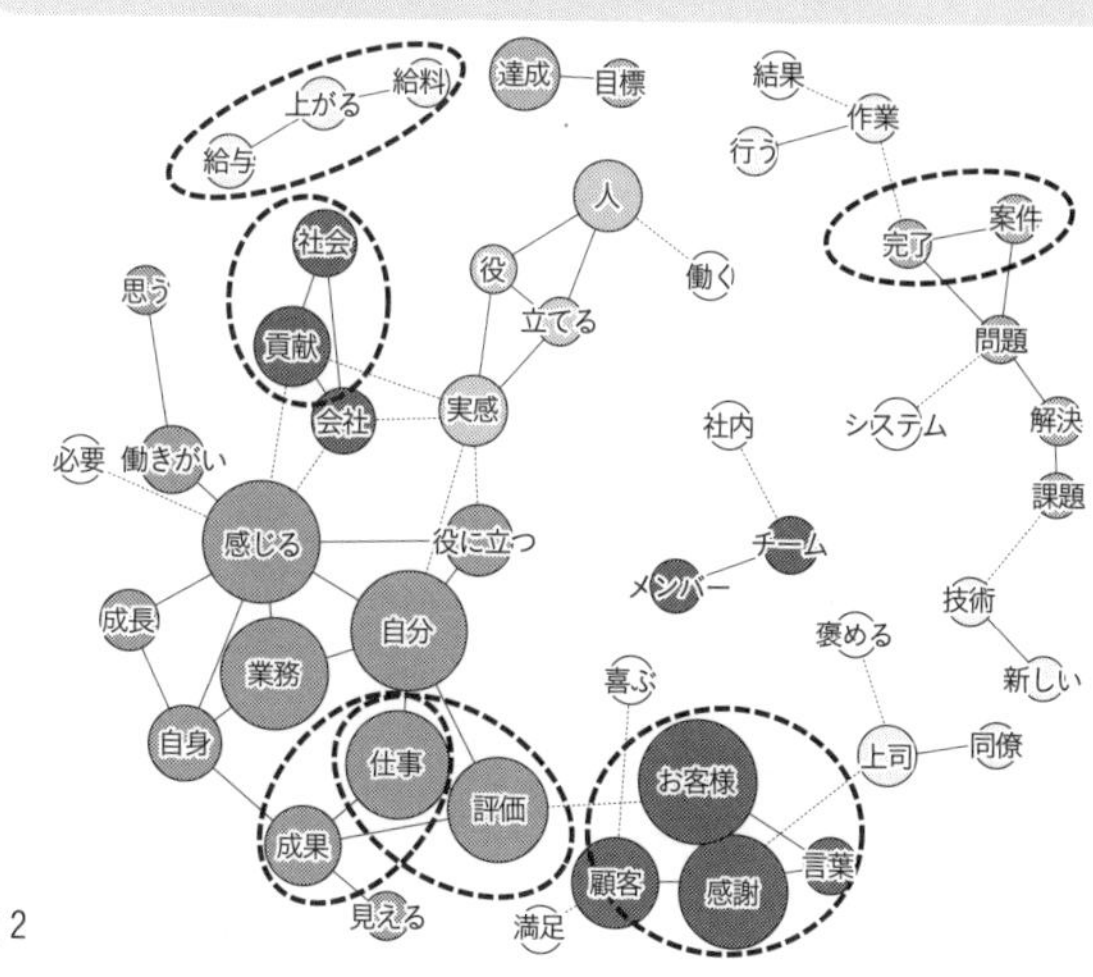

図2

ステップ4：テキストマイニング

収集した文字データ、および文字化された音声データは、ＡＩサービスのテキストマイニングという手法を使って分析します。テキストマイニングとは、大量のデータの中から有益な情報を取り出す分析手法です。データを自然言語処理し、頻出語や特徴語を抽出します。クロス集計や相関分析、多変量解析によって従業員の発言や会話、文章を多角的に分析します。たとえば、成果を出し続けるできる社員は「そもそも」と「さらに」の発言頻度が、一

Face APIとEmotion APIを活用した感情分析

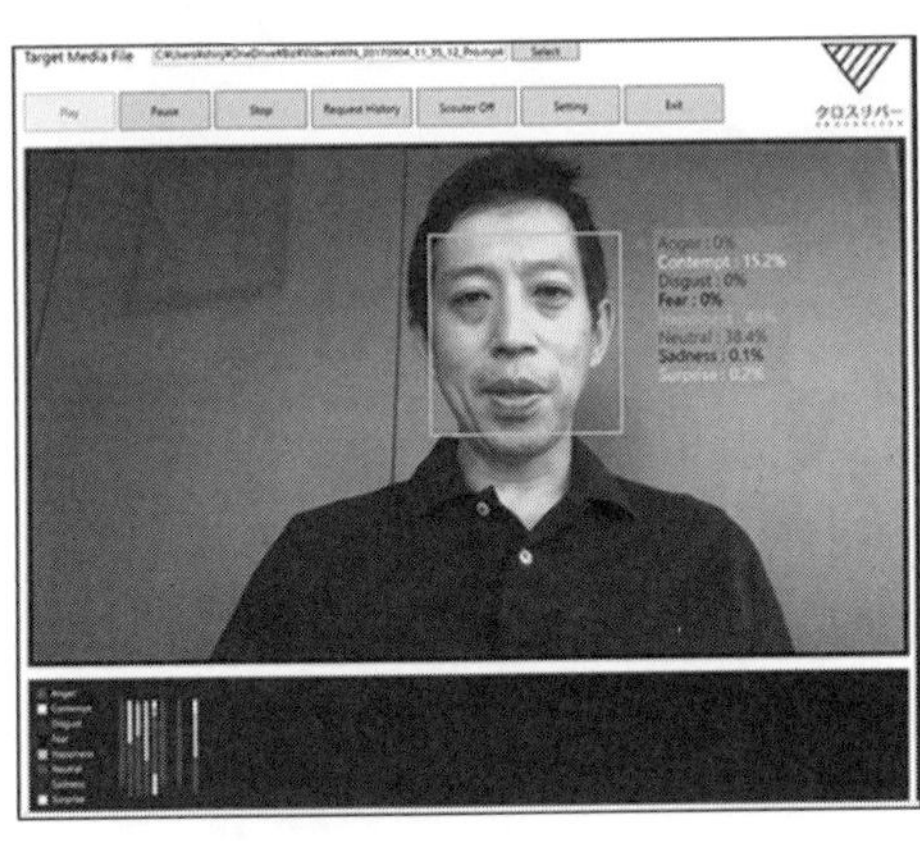

図３

般社員の１・３倍ありました。成果が出ない社員は、「できない」という動詞の前に「も」という助詞が入る確率が高いことなどが判明しました。

ステップ５：感情分析

ＡＩを使って人間の感情を特定してデータに変換することができます。ＡＩサービスのFace APIとEmotion APIを活用して、従業員の顔が表示されている録画データを８種の感情（平常状態、怒り、軽蔑、嫌気、恐怖、幸福、悲しみ、驚き）に分類します。たとえば、「働き方改革」と発している時の感情が「悲し

「できる社員」の共通点を抽出

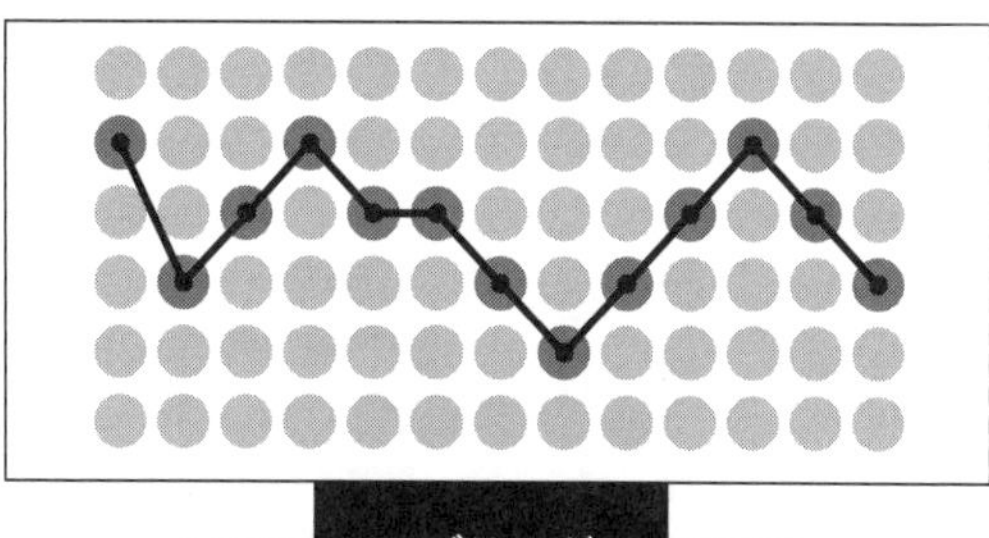

図4

み」であったり、「幸福」の感情が識別された時に部下の話をしていたり。こうした感情分析とテキストマイニングなどの結果を組み合わせて総合的に分析しました。

ステップ6：モデリング

人事評価や具体的成績（営業成績や社長賞の受賞歴など）を元に、できる社員を特定します。そのできる社員に共通する特徴を抽出して、抽象的な人物像（モデル）を作成します。同時に、一般社員に共通する特徴も抽出して、できる社員の特異性を明らかにします。

できる社員は WHYで考える

できない社員は
HOWで考える

デザイン思考で共感する

このような分析の結果、成果を出し続ける社員は、最小の時間で成果を出すために課題を「Ｈｏｗ（どうやって）」ではなく、「Ｗｈｙ（なぜ）」で捉えていることがわかりました。表面的な課題を追うのではなく、その課題がなぜ発生するのか根本的な問題まで掘り下げ、それを解決することを目指していたのです。

たとえば残業が多いという課題に対して〝どうやって早く帰るか〟という手段（Ｈｏｗ）を考える前に、〝なぜ早く帰れないのか？〟という発生原因（Ｗｈｙ）を探ることをしていました。

もしＨｏｗで考える社員が人事部にいたら、残業を削減するために従業員たちを強制的に帰らせるべく職場の電気を消すといった対策を講じるでしょう。しかし、これでは近くのカフェや自宅で隠れ残業をする従業員が増え、問題は解決しません。

とある印刷会社では、近くのカフェで隠れ残業をしている社員がおり、企業機密の資料を持参していました。そこで事件が起きたのです。30代の男性社員が顧客に提示する前のポスターデザインをカフェに置き忘れてしまったのです。

するとカフェの店員さんがその忘れ物に気づき、良かれと思って納品先の顧客に届けてしまったのです。もちろん顧客は激怒し、その後の取引はなくなりました。残業をなくすために職場の消灯をするだけでは表面的な問題を解決するだけで、実際の残業を減らすことができないばかりか、違うリスクが生まれてしまいます。

一方、Ｗｈｙで考えるできる社員は「なぜ長時間労働が生まれるのか」を調査し、働く時間の45％が社内会議に費やされていることを突き止めました。そして、社内会議の多さが残業の発生原因ではないかという仮説を元に会議の量と質を改善する「会議改革」に着手したところ、残業時間は減り、従業員の満足度も上がりました。

できる社員がおこなった思考と行動は、「デザイン思考」と呼ばれます。デザイン思考には色々な定義がありますが、シンプルに説明すると「サービスやプロダクトのユーザーを理解し共感して、それらを通じて問題解決を図る思考法」です。

「デザイン思考」の特徴は大きく5つのステップで考えていきます。「共感、定義、

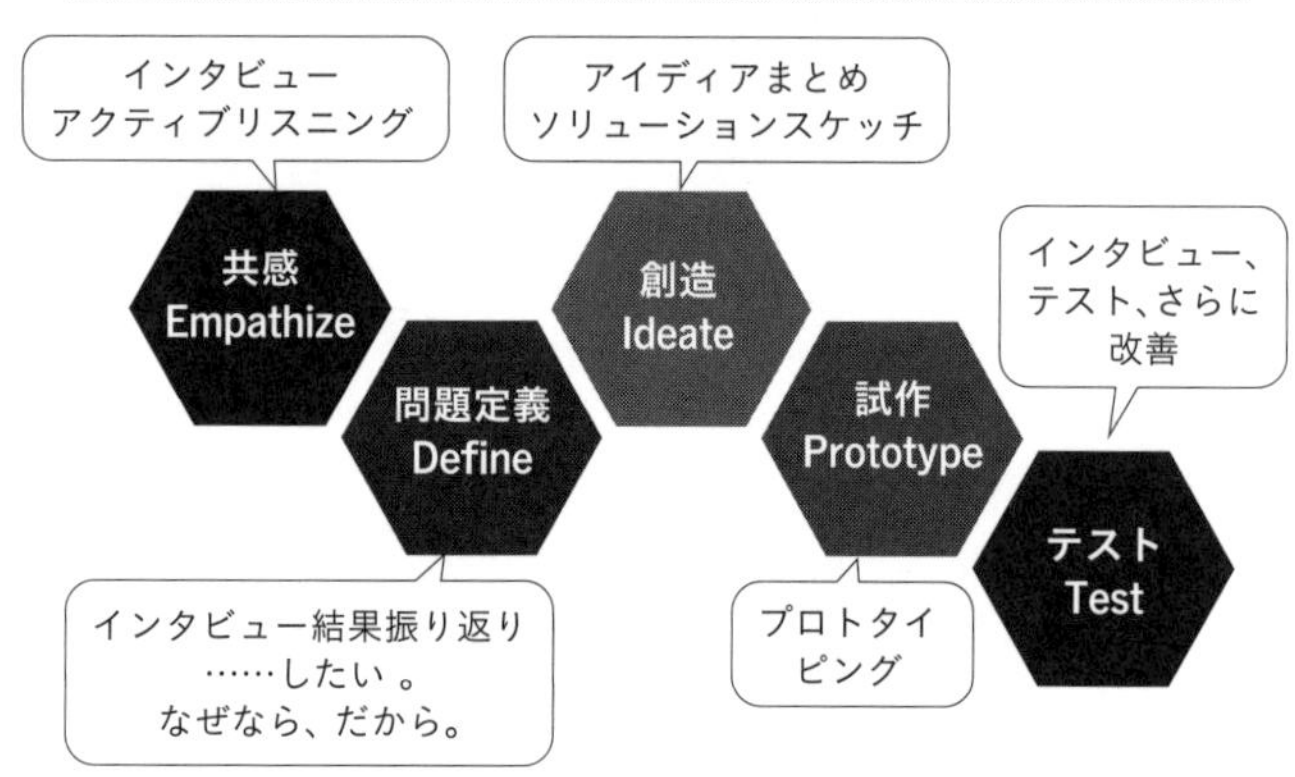

図５　出典：「An Introduction to Design Thinking PROCESS GUIDE」
（著者：スタンフォード大学ハッソ・プラットナー・デザイン研究所）

創造、試作、テスト」です。**問題が発生している現場の「共感」から入り、問題の発生原因を掘り下げて、根本解決をする策を練り、そしてプロトタイプ（試作）を元に実証テストを繰り返して、最終結論に至る思考＋実践法**です。（図５）

これら５つのステップは、１つ目の「共感」ステップから順番におこなうのではなく、時には同時に、時には行ったり来たりしながら考えをめぐらせていくこともあります。５つが一連の手順であると捉えるのではなく、問題を解決するための要素を見落とさないようにすることが大切です。

デザイン思考では「評論家」にならないことが大切です。残業を続けている人は残業をやりたくてしているわけではないのです。良かれと思って仕事をしていたら夜遅くなってしまうのです。残業してしまう人はどういう気持ちなのか？　相手の立場になって考えることで具体的な状況が見えてきます。他人事として考えるのではなく、現場の視点で課題を見つめることが求められます。

これは「同情」ではなく「共感」です。「同情」は上下関係から生まれる感情であり、遠くから見つめるものです。できる社員は、相手に関心をもち、相手との信頼を起点として近くで寄り添って一緒に課題に向き合う「共感」をします。（図6）

上から目線で「やるべき」、「すべき」と「べき論」で現場に指示するのではなく、**現場の従業員たちに「共感」して共に解決していこうと考えるのです。当事者意識をもって課題解決にあたることで、現場を巻き込むことができるのです。**

2000年代前半から現代に至るまでなぜ「デザイン思考」が求められるようになったのでしょうか？

第1次産業革命は機械化によってモノの大量生産が始まったと同時に粗悪品も多く

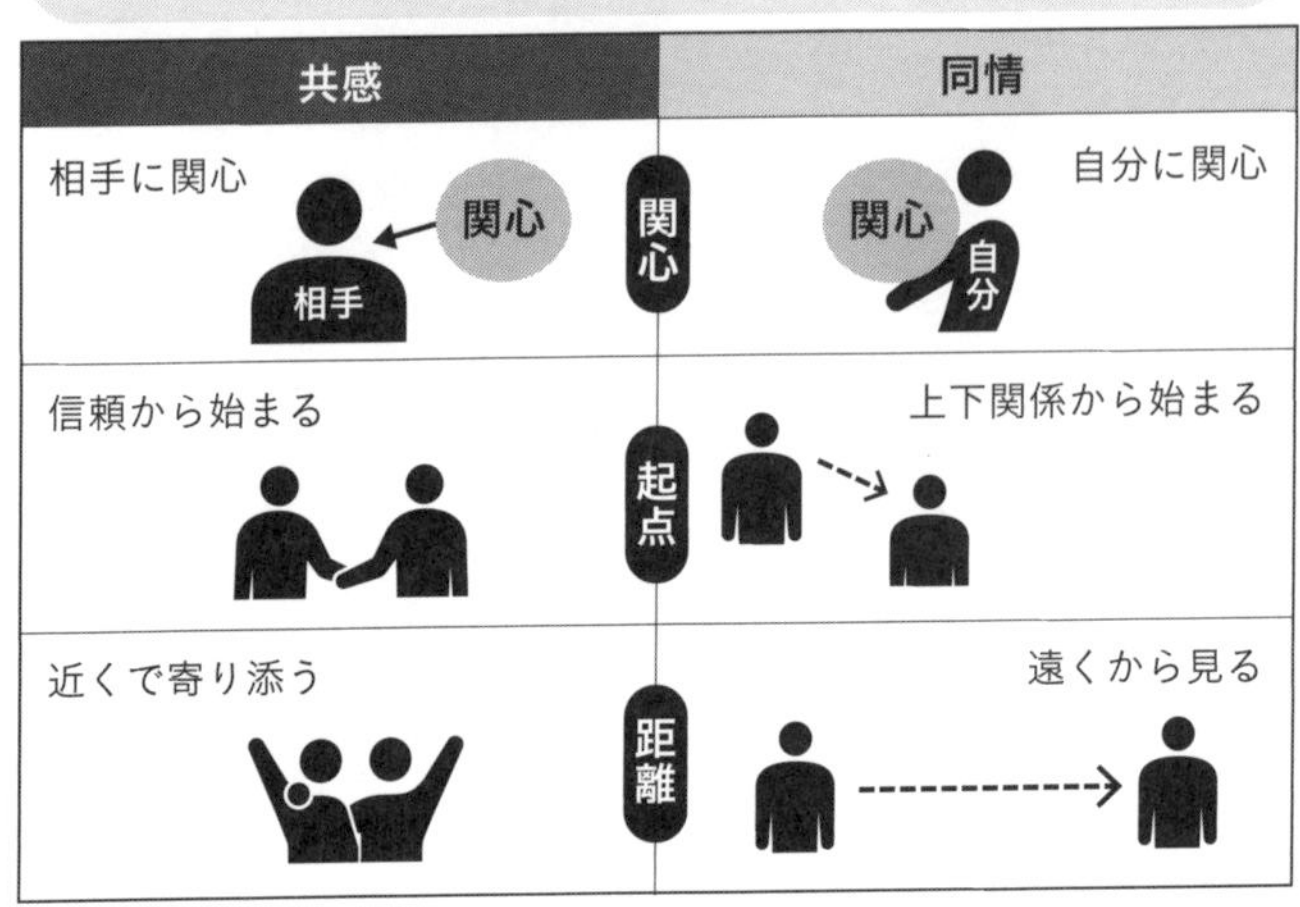

図6

生まれました。これにより、見た目が良いものに対してニーズが生まれ、デザインが注目されるようになったのです。

第2次産業革命は電子や電気に加えて、エレクトロニクスを活用した制御技術が発達しました。さらに第3次産業革命では、ソフトウェアも加わり、コンピュータが人間にとって身近な存在となり、コンピュータと人間の設計デザインが必須となりました。デザインがなくてはならないものへと変わったタイミングです。

第4次産業革命ではAIなどの最新技術も加わり、顧客の体験価値をデザインするスキルが求められるようになったのです。

ほんとうに
解決したい
ことは何だろう？
ユーザー
マーケター

できる社員は現状を批判的に捉える

できない社員は現状を受け入れる

批判的思考で残業を減らす

成果を出し続ける社員は現状を批判的に捉えることを悪いと思っていません。社内の常識が実は世間の非常識になっていることを明らかにしたいのです。

従業員の会話データを分析すると、できる社員は相対的に入ったばかりの中途入社社員とよく会話していました。どのような経歴をもち、会社の現状をどう捉えているのかを知りたがっていたのです。会社に染まっていない他者の目を使って、会社を批判的に見つめようとしているのです。

こうして**現状を批判的に見て、本質を見抜く**のが「批判的思考（クリティカル・シンキング）」です。

課題に対して、「なぜ？」を繰り返して客観的に課題を分析しながら、根本原因を探ります。

できる社員は、ヒアリングによって知りえた現場の状況を踏まえて、いきなりＨｏｗ思考で解決策を考えず、Ｗｈｙで「こういう人たちはなぜ大変なのだろう？　なぜ問題が発生してしまうのだろう？」と考えていました。

ただし、「なぜ？」「それは、なぜ？」「それは、なぜ？」と、できる社員が同僚や部下に質問を連続することはありません。これは相手を萎縮させてしまうからです。あくまで、内なる思考として「なぜ？」を自分に問い続けていました。

稼働時間の45％を占める社内会議が、時間外業務（残業）を生んでいるという事実が明らかになった製造業のケースです。

この状況を理解したできる社員は「なぜ？」を繰り返して課題を掘り下げ、真因を探ろうとしていました。

なぜ、情報共有するための会議が多かったのだろうか？
なぜ、情報を共有することが必要なのだろうか？

↓リーダーが部下から情報を共有して欲しいから会議を開催する。

なぜ、共有して欲しいのだろう？

↓リモートワークで目の前に部下たちがいなくて不安で情報を集めたい。

なぜ、不安になってしまうのだろう？

↓情報が不十分だと思うから不安になる。昔は情報を集めれば集めるほどＰＤＣＡ〔Ｐｌａｎ（計画）→Ｄｏ（実行）→Ｃｈｅｃｋ（評価）→Ａｃｔｉｏｎ（改善）〕のＰの精度が高まり、その後のＤＣＡがうまくいく。

なぜ、そう思っているのだろう？

↓過去の成功例があって、先輩とリーダーに教わったから。

なぜ、その方式をいまだに信じているのだろう？

↓階層型の命令組織で上から言われたことだけをやるということで教育を受けてき

たから。

「では、経営陣からトップダウンで会議時間を30%減らすように指示を出せば、現場に浸透するのではないか?」

このように「なぜ?」を掘り下げることで根本解決に向けた仮説を立てることができました。

この製造業のケースでは、実際にトップダウンの会議改革を実行して、残業抑制に成功しました。

経営陣が「会議ダイエット」を宣言し、経営陣が主催する会議を半分にしたうえで、現場の「会議改革」を指示したのです。

経営陣自らが会議時間を縮小させてから指示を出したことによって、現場は経営陣の覚悟を感じて、呼応するように定例会議を縮小し始めました。

こうして、できる社員の思考を起点とした施策を講じたことにより、職場の消灯をしなくても従業員たちは、定時で帰ることができるようになりました。

このように「なぜ？」を繰り返して問題の発生原因を探り、解決策を講じるのが批判的思考です。

残業がなぜ
多いのか？

できる社員は仮説を立てて作業する

できない社員は すぐに作業する

ハイポ思考で情報収集が＋35％早い

ハイポセシス（hypothesis）とは「仮決め・仮説・前提」を意味します。成果を出し続ける社員はいきなり作業を開始するのではなく、「仮決め」をしてから作業を開始し、途中で検証・修正していきます。

このハイポセシス思考、略して「ハイポ思考」ができる社員の特徴で、情報収集の効率と効果を高めていました。仮説があると、むやみやたらに情報を調べたりせず、作業効率を高めることができます。アテ（仮説）をもっと的を絞ることができて、情報収集の時間を制限できます。海でなんとなく釣り糸を垂らしてマグロを釣ろうとするよりも、過去の実績データや魚群レーダーを元にして「マグロが泳いでいるであろう場所」で釣り糸を垂らしたほうが捕獲しやすいのと同じです。

「ハイポ思考」を実践する社員と、そうでない社員のそれぞれ67名で、同じ課題を調べる時間を比較したところ、前者のほうが後者よりも35％少ない時間で答えにたどり着くという結果になりました。もちろん環境や検索スキルが異なるので一概には言えないのですが、同じ実験を38社でおこなっても、「仮説」をもってから検索する社員のほうが、情報収集時間が短くなる確率が高く、ハイポ思考の効果を実感しました。

できる社員が実践する「ハイポ思考」は次の2つのステップがあります。

1．仮説設定（仮決め）

2．仮説検証（バイアス除去）

第1ステップの「仮説設定」は難しいですが、ここで成果の差が生まれます。調査結果や他人から意見、自分の経験によって、仮説を立てることが一般的です。しかし、できる社員はほかの社員とは違うアプローチをしていました。自分が正しいと思うこととは反対の意見が正しいという仮説を立てていたのです。

彼らは、視点と視座を変えることを習慣にしています。自分の考えとは反対の意見

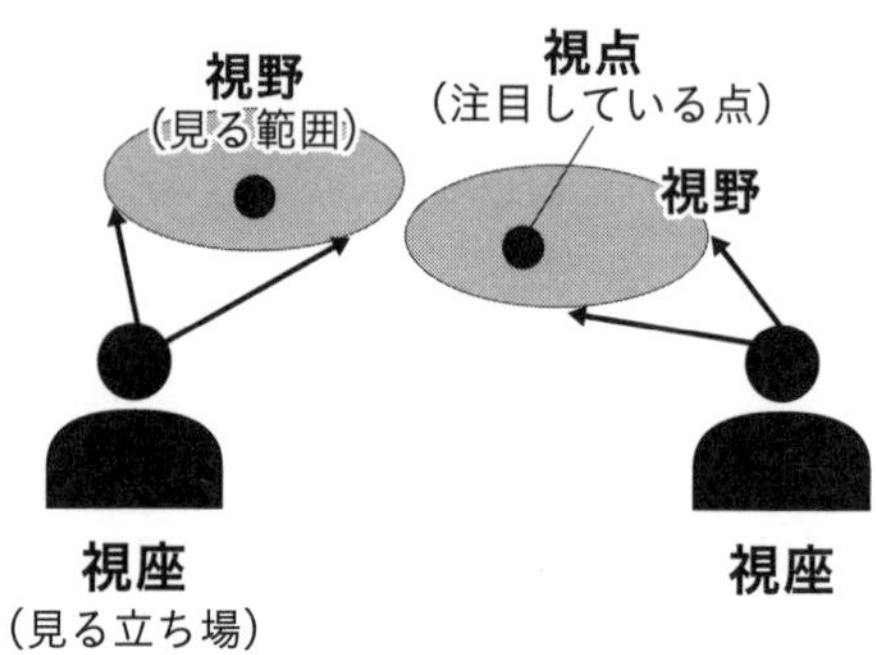

図7

を調べたり、商品購入後、消費者ではなく生産者側で考えたりします。（図7）

たとえば、「暑いからかき氷を食べる」という一見当たり前に思える因果関係とは反対に「かき氷は寒くても食べる」という仮説を置きます。そして、寒い地域で売れているかき氷を探して共通項目を調べると、「アイスクリームと小豆（あずき）のトッピング」という要素が出てきます。このトッピングがあると冬でも売れている事実がわかるわけです。さらに調べると、「アイスクリームと小豆」を食べるついでに氷も食べていることがわかります。また「バニラアイスは冬のほうが消費量が多い」という事実にもたどり着きます。

こうして反対の意見を「仮説」としたことで、気温に関係なくかき氷をヒットさせることができる、という本質にたどり着きました。


できる社員は、完全に振り切った「仮説」を設定することもあります。2つの案を講じる場合、極端なA案とB案を仮決めします。たとえば、リモートワークを継続すべきというA案と、出社に戻すべきというB案が議論されている場合、「完全リモートワークのA案」と、「完全出社のB案」という前提にして検証します。こうして両極端に振ったほうが全体の視野が広がるとできる社員が発言していました。

リモートワークをやめたら若手社員はみんな会社を辞めるという意見がありましたが、実際は完全リモートワークだと20代社員の孤立化が進み、病気と転職で離職が増えることがわかりました。

出社していないとコミュニケーションが取れないと発言していたチームは、出社時でもコミュニケーション不足だったことがわかりました。両極端に振って仮説を検証したことで、メリット・デメリットが明確になり、すり合わせやすくなります。

ある通信会社では、２つの案を元に「週に１回出社してリーダーとメンバーが１対１の対話をする」という行動トライアルを４カ月間実施しました。すると、離職率もコミュニケーションの問題も共に解決できたそうです。

第２ステップが「思い込みの除去」です。次章で説明する通り、「確証バイアス」が存在するので、調べる前に答えを決めつけてしまうことがあります。そうなると本質を見失い、未来を見誤ってしまうのです。これを取り払うのが「仮説検証」です。こうであろうと「仮説」を立てて、それがほんとうかを確認するのです。

固定観念やバイアスがあるという前提で調べると、「事実」か「思い込み」かが判別できます。私たちが囚われがちなバイアスについては次章で具体的に説明します。

仮説を立てたら、それが疑わしいという前提で調べます。Ｇｏｏｇｌｅ検索したら、仮説を裏付ける調査会社のデータが出てきた。エビデンスとなる論文も複数出てきた。そうなれば、「思い込み」でなくて「事実」であることがわかります。仮説設定と検証を繰り返すことで、仮説の精度が上がり、より短い時間で正解に到達できます。

仮　説

できる社員は相手の期待値を確認してから行動する

できない社員は自分ができることをすぐに行動する

「共創」して作業範囲を狭める

仕事の取り掛かり方で成果を出す前の時間に差が出ます。成果を出し続ける社員は、仕事を受けたときに一般社員とは違う行動を取ります。たとえば、私は凡人なので、「働き方改革に関する記事を書いてください」とクライアント企業から依頼を受けたら、「いいですよ」と即答します。そして「他社の事例や時短テクニックの記事を書くことならできるな」と考えて書き始めてしまいます。自分ができることを考えてすぐに行動に移すほうが、考えを張りめぐらす必要がなくラクなのです。

できる社員は違います。「はい、わかりました」と仕事を受けた後に相手の期待値を確認していました。彼らは「妄想で文章を書くのは時間がもったいない」と考えています。「相手に気を遣い過ぎて、あれもこれも情報を付け加えていったらキリがない」と言っていました。

できる社員は仕事を依頼してきた相手を不快にさせることなく、達成すべき目的を捉えるようにしていました。文章を書くのはあくまでも手段であり、「その手段を通じてどういう目的を達成したいか?」を明らかにしていました。いきなり執筆作業に没頭してしまうと、何のためにやっているのかわからなくなってしまうというのです。たとえば「この記事はどういった方が、何人くらい読むのですか?」「この記事の読者がどういう行動を起こすと良いと思いますか?」とすぐに発注者に確認します。

できる社員がこうして仕事を受けた直後に目的を確認するのは、仕事の範囲を〝狭める〟ためです。的外れな作業をしないために、相手と認識を合わせるのです。

確認のための質問をする際は、〝相手に選ばせる〟ことを優先していました。「どう思いますか?」ではなく「AとBだったらどちらだと思いますか?」と選択肢を用意します。たとえば、「この記事が掲載されるサイトの閲覧率を高めるためか、もしくは意欲の低い人の行動変革のためかのいずれかだと思うのですけどいかがですか?」と聞きます。すると相手は「やはり閲覧率をまず高めたいですね」と答えてくれます。

その返答を受けて、記事のタイトルで目を留まらせるように工夫して「知っていましたか？　議事録は5％の人しか読んでいないのです。効果的な会議改革とは……」と提案してみる。アウトプットの仕方も、作業の仕方も「これを500文字ぐらいで書きたいと思うのですが、いかがですか？」と尋ねたり、「パワポ2枚でコンパクトに作ろうと思います。いかがですか？」と聞いてみるのです。「2ページでいいね」といったコメントや「もうちょっと増やしてもいいよ」と相手の意見をもらってから作業に移れば、無駄なことをしなくて済み、作業の範囲を絞ることができます。できる社員は無駄なことをやりたくないのです。

「やるべきこと」のすり合わせをしたら、〝差し戻し〟にならないように途中でチェックポイントを設けていました。相手に進捗を見せて、認識のギャップを埋めていきます。「やるべきこと」が完全にクリアになったら、作業に集中して短時間で処理します。

このように最初に合意し、進捗を見せながら作業を進めていけば、「どうなっているんだ」と細かくチェックを受けることもなく、提出後の〝差し戻し〟もありません。

相手と目標ゴールを共創し、進捗を見せていくことで作業範囲を狭めていたのです。

読者は誰？
どんな効果？
記事を
書いて
ください
できる人
依頼者

できる社員は成果を出し続けることを目指す

できない社員は一次的に成果を出すことを目指す

成功したときこそ立ち止まって考える

できる社員は、成功した後でも学びを止めません。なぜなら、成果を出すことではなく、成果を出し続けることを目指しているからです。

偶然でも必然でも成功したときに「なぜ？」を繰り返してプロセスと成果の因果関係を確認し、**「成果を出し続けるメカニズム」を探ります。**

成し遂げた成果に一喜一憂せず、「成功したのはなぜ？」と自問します。外部要因なのか自分の能力なのかを振り返って成功の原因は見極めようとします。

運で成功したのであれば、その運はどこから運ばれてきたのか。チームメンバーなのか、家族なのか、書店なのか、Ｚｏｏｍだったのか……。

その運を引き寄せるために、出社して同僚やチームメンバーと会話したり、家族に電話して相談したり、書店に立ち寄ったり、ウェブセミナーに参加してデジタル空間で歩き回ったり、人との接点を増やすために社外の勉強会に参加したり、再び成功するために行動を改善していくのです。

自分の能力による成功であったのであれば、どの能力が活用できて、それをさらに磨くことはできないかを考えます。

企画が採用されたのは、プレゼンが良かったのか、資料デザインが良かったのか、企画ストーリーが良かったのか……。

このように立ち止まって考えることでさらに能力を発揮できるように、英語でプレゼンができるようにして海外事業部の異動を画策したり、会議資料のテンプレートをデザインして業務効率を上げたり、報告書にストーリー性をもたせて信頼を上げたり。他者が評価してくれた能力を認知して、その能力を伸ばすことで成果を出しやすくする戦略を取ることができます。

こうして成功した後の「なぜ?」の掘り下げが、次の成功確率を高めます。結果的に成果を出し続けられるのです。

運に任せて成功をたまたま手にするのか、成功確率が高いメカニズムを見出して、そこに注力するのか。後者が成果を出し続けるできる社員であることは間違いありません。

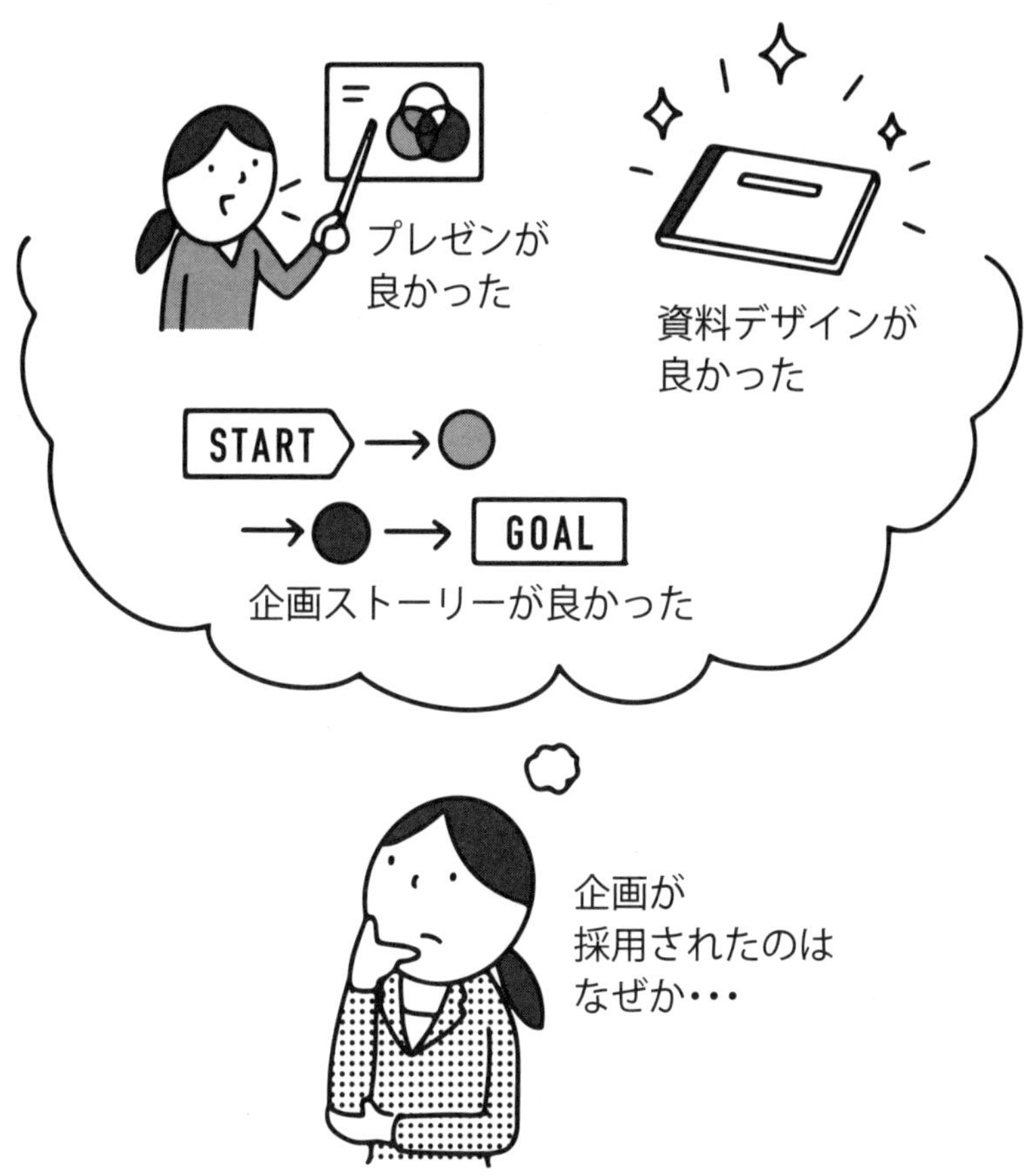
プレゼンが
良かった
資料デザインが
良かった
START
GOAL
企画ストーリーが良かった
企画が
採用されたのは
なぜか・・・

できる社員は段取りをしてから作業する

できない社員はすぐに作業しようとする

逆算思考で段取り力が違う

〝ゴールがわからないと準備ができない〞

成果を出し続ける社員はこのように考えています。だからゴールを先に確認するのです。成果を出すプロセスを山登りのように捉えているとも言えるでしょう。

はじめに山の頂上を意識し、自分が今どの位置にいて、どれぐらいの時間とコストをかければ頂上に到達するかを逆算しています。

ゴールからの差分を確認して行動を修正していきます。

できる社員は最低限の計画を作り、まず動き始めます。頂上を意識してコンパスを見ながら正しい方向に向かい、途中で間に合わないと思えば、同僚の協力を得たり、リーダーに報告して相談します。

できる社員は与えられた仕事のゴールから逆算してタスクを細分化します。はじめに取り掛かるべき情報収集、すき間時間にこなす経費精算、電車で移動中に読む記事、同僚に依頼する調査など、細かく分けておいて段取りをしてしまいます。

残念ながら、頑張っても成果を出すことができていない社員は、優先順位も定めずやみくもに作業をこなそうとします。作業をすることが目的となってしまい、自己満足でカラフルな円グラフを作成することに時間をかけて、事前にすべき調査を忘れてしまいます。

逆算の思考法はできる社員が漏れなくやっています。まず目標設定を適切におこなう必要はありますが、その設定した目標からどんどんブレイクダウンして今月するべきこと、今週するべきこと、今するべきことを明確にしていきます。自分の能力を把握し、必要な時間や費用などを勘案しながら達成時期を意識して作業を進めます。

これは個人だけでなく組織にも当てはまります。８００社以上の企業の相談を受けてきましたが、うまくいっていない組織の特徴は、①成功の定義が決まっていないこと、②手段が目的となっていることの２つです。

どの山の頂上を目指すのか決まっていないのに山登りを始めても、頂上に着くことはありません。たまたまどこかの山頂に着いても達成感はないでしょう。また、山登りをすること自体が目的になってしまうと、汗をかいて頑張っている感はあっても、本来目指すべき目標を達成することはできません。

いくら戦術（手段）がすばらしくても、戦略（目的）を間違えていたら、いつまで経っても目標達成はしません。失敗する組織は、社員の働き方を一変させるＩＴツールや社内制度を探し続けます。そのようなものはありません。

成功する組織は目指すべき目標が明確で、その目標から逆算して必要な行動を順序立てて確実にこなしていきます。そうすることで目指す山頂に一歩ずつ登って行っているのです。目標達成につながることのない行動は無駄ですからやめています。時間を生み出すには、やめることを決める勇気が必要です。やるのもやめるのも目標達成が起点になっています。

ゴールが起点となって必要な手段を活用する成功企業の働き方改革はできる社員と同じ逆算思考であったのです。

目標
あそこを目指して
準備しよう

できる社員は全体を見る

できない社員は部分を見る

アナロジー思考で抽象度を上げる

できる社員は**具体と抽象を行き来して、物事の類似性を見出し、自分の仕事の仕方に活用します。**いわゆるアナロジー思考です。アナロジーとは、類似・似ているものという意味で、物事を例えていく思考方法です。

あらゆるものを因数分解して、類似点を見出して抽象化すればビジネスシーンに活用することができます。

たとえば、スティーブン・スピルバーグ監督の映画の作り方を因数分解して、「期待通りと期待外の繰り返し」「俯瞰から詳細へ」「個性の集合体」といった視聴者を惹き付ける方法を抽象化し、プレゼンや報告書作成の個別事象に活用するというのがアナロジー思考です。

自分が説明したいことを共通項でくくり、最初に伝えることで相手に強い印象をもたせることもできます。
たとえば、家電製品の性能について、つらつらと説明されても心に響きません。できる社員は、「すべての機能はあなたの時間を節約するために備わっています」と抽象度を高めて説明します。その後に具体的な機能説明をしたほうが相手の頭にスッと入ってきます。

できる社員は、遠くから眺める視点を意識的にもとうとしています。たとえば、自分を一段階上から眺めると、ずっとパソコンに睨み合っている自分はほんとうにこのままでいいのかと考えるわけです。そもそもパソコンで作業することはあくまでも手段です。作業に没頭すると「何のためにやっているのだろう？」という目的を見失いがちです。

「嫌だな」と思って資料を作り始めたものの、テンションが上がってきて凝り始めてしまうという経験はありませんか？
本来は不要なアイコンや画像を資料にたくさん挿入して自己満足してしまうのです。

資料作成の目的を忘れて、気持ちよくきれいな資料を作ってしまうのです。きれいな資料はほんとうに必要ですか？　きれいな資料を作ると相手の信頼を得られるのですか？　相手の行動を左右できるのですか？　自問しながら作業を進めるできる社員はアナロジー思考で抽象度を高めます。

ついつい無駄な資料を作ってしまう。ランニングは嫌いだが走り始めると楽しくなってくる。嫌いだと思っていたパクチーを食べたらハマってしまいパクチー専門店に通うことになった。

この様々な事象をアナロジーすると、抵抗のあることに取り掛かると意外と夢中になってしまうという共通項が見えてきます。

このような傾向にある自分を理解すると、「仕方なくする作業には時間制限を設ける」という行動習慣を身に付けようとします。目的のために正しい手段を選び、正しく行動できると短い時間で成果を残すことができます。

ダラダラした時間をなくすためには、そもそも不必要な作業を止めることです。不必要な作業というのは、その最中はわからないものです。良かれと思ってやってしまうのです。だから、休憩して立ち上がって冷静に見つめ直すことが必要です。

トラブル対応において、アナロジー思考が役立ったことがあります。

私はマイクロソフト在籍時に５００件以上の謝罪訪問を経験しました。クラウドサービスの障害が発生したときに、顧客訪問してお詫びしたのです。何度訪問しても許してもらえないケースや、想定以上にうまく関係性を維持できたケースがあり、それぞれの共通点は何かを探ってみました。

するとスムーズに解決できた案件は、発生原因ではなく「再発防止策」を入念に用意して説明したケースでした。

当初は、先方の責任者、役員陣に説明へ行くことが多く、うまくいくケースとうまくいかないケースが混在していました。

そこで、まず情報システム部門の方に「再発防止策」をしっかり説明してから、役員に報告するように説明の順序を変更しました。すると、うまく沈静化できた案件が増えていったのです。

真相を確認しようと、謝罪後、顧客にヒアリングして回りました。すると、顧客はクラウドサービスの障害が発生したことを怒っているのではなく、今後もサービスを使い続けても問題ないのかどうかを知ることができずに怒っていたということを教えてくれたのです。真相を理解できた我々のチームは米国本社と再発防止策を講じることに注力しました。その後、障害による失注はなくなり、むしろ顧客との関係が好転するケースが増えていきました。

アナロジー思考で事象を分析したことで、冷静に全体の状況を見つめられたのです。

すべての機能は、
あなたの時間を
節約するために！

できる社員は内省する

できない社員は他責にして振り返らない

思考停止を防ぐ内省

私は、大学や専門学校でオンライン授業をしています。そのつながりで、新卒で入社した初日に「辞めたい」と言ってきた3人の元生徒がいました。それぞれに話を聞いたところ、3人に共通するのは「不安を感じた」ということでした。

「入社式で社長の講和が下手で将来に不安を感じた」「企業内の労働組合に加入するよう勧誘されて不安を感じた」というのです。あっけにとられて、どのように相談に乗ってあげようか悩んでいたところ、クロスリバーの「できるメンバー」が「チャンスですね！」と言ってきたのです。就職活動を乗り越えて入社することができた新社会人が不安だと悩んでいるのに、〝チャンス〟とはどういうことか問い詰めようとしたのですが、その時、ふとクライアント企業のできる社員が「不安はチャンスです」と発言していたことを思い出しました。

できる社員は、〝不安はチャンスである〟理由が2つあると言っていました。

そもそも、できる社員によれば「知らないが知るに変わった瞬間に不安になる」というのです。知らないままだと悩む対象にもならない。新たなことを知るから不安になる。つまり、不安になるから新しいことにも備えられる。不安をポジティブに捉えていそうです。不測の事態を完全に避けることができなくても、事前に備えてインパクトを最小限に抑えることができると言っていました。

「知らない」から「知る」という状態に変わったのは進化です。

読者の皆さんも感じていると思いますが、テクノロジーの進化が加速しています。テクノロジーは、独自の進化だけではなく、テクノロジー同士がぶつかり合う、コンバージェンス（収束）によって劇的な変化をもたらします。このコンバージェンスが2025年から2030年に起きると私は予測しています。こうしたことを知っていれば今から備えることはできます。

新たに「知る」ことによって**行動を変えるチャンスとなる。**これが最初の理由です。

2つ目の理由は、前を向いている証拠であるからです。

過去に向いているのが「後悔」、そして未来に向いているのが「不安」です。これから新たな挑戦をしようとしているから「不安」になり、やったことがないから「不安」になり、まだ得意ではないから「不安」になるのです。

できる社員は「思考停止が最も危険」と発言します。何も考えずに漫然と日々の業務をこなすだけでは外部環境の変化に気がつかなくなり、「ゆでガエル」になるリスクが高まるというのです。できる社員が「安定というのは何もしなくてもよい状態ではなく、つねに変化している自分を感じられている状態」と発言し、ハッとしたことを鮮明に覚えています。

じっと止まっているのではなく、前へ進もうとしているから「不安」になるのです。だから、**未来に対応できるチャンス**です。

これまで対応したなかで「うちは安定しています」と言っているところはロクでもないところばかりでした。これは慢心であって、挑戦をしないことの言い訳です。

こうした思考停止や慢心を避けるために効果的であるのは内省（振り返り）です。**できる社員は週に15分程度の内省をする習慣があり、1週間で「できたこと」そして「できなかったこと」を振り返っています。**

「ちょっと資料の作り方を変えた。苦手な先輩に声かけてみた」と自分に言い聞かせています。

同時に「また会議のための会議に出席してしまった。まだ完成していない企画書がある」といった「不安」も感じています。

この定期的な内省によって、「自己効力感」（こんなことができたと実感すること）と、未来への「不安」を感じることが翌週のエネルギーの源になると発言していました。

過去を否定することなく前向きに振り返る「内省」を習慣にすれば、思考で行動を変えることができ、行動を変えると成果が出るようになります。

世の中に起きていることをどう捉えるかは自分の問題。ポジティブに捉えれば、意識と行動を変える原動力になります。できる社員は、ネガティブな事象でもポジティブな側面を見つけようとする「内省」を習慣にしているのです。

できたこと
1.・・・・・・・・
2.・・・・・・・・
3.・・・・・・・・
できたなかったこと
1.・・・・・・・・
2.・・・・・・・・
3.・・・・・・・・
日記!?
15分

Column

コンプレックスを味方にする方法

各社のできる社員はコンプレックスをもっていました。

たとえばプレゼンがうまくないと言っていた方がいました。しゃべることより聞くことが得意な方も多かったです。

英語に苦手意識をもつ人も多かったです。ＴＯＥＩＣでは高得点を取っているけど、英語が話せない。仕事で英語を使うのが怖いと言っていました。

こうしたコンプレックスは、「克服しよう！」とする奮発材料になります。

できる社員は他人から指摘されてコンプレックスを感じ、それを直そうと考えていました。

私が高校2年生のとき、国語の先生から「初めまして」と声を掛けられてショックを受けました。1年時の授業で発言をしていたのに認知されていなかったのです。

それが悔しくて、国語のテストで100点満点を取って先生に認められたいと思い頑張って勉強しました。結果的に96点ではありましたが、クラスでトップだったので先生に強い印象を残すことができたと思います。今こうして書籍を出したり、講演・講座を開催したりして認知度を高めようと思っているのは、この学生時代のコンプレックスがあったからかもしれません。

こうしたコンプレックスを起点とした奮起は、仕事を進めるうえでも効果があります。たとえば、ある競合入札で大丈夫だと思っていたのに落札できなかった場合。「私のプレゼンは駄目だったのか……」と落ち込んだとしても、「よし、プレゼンの勉強をするぞ!」、「提案書の組み立て方を改善するぞ!」と切り替えることができれば、自分の弱点を埋めるための行動を取ることができます。

「コンプレックスの克服」は奮起につながるので、コンプレックスがあると認識することは悪いことではないと思います。

しかし、コンプレックスの克服をエネルギー源にするのは長続きしません。

なぜかというと、ある程度は克服できてしまうからです。

100%とは言わないまでも、60%、70%ぐらいまで到達してしまうと頑張りが継続できなくなってくるのです。

コンプレックスを埋めるという「奮起」がきっかけで頑張ってきたら、気づいたらコンプレックスが克服されつつあると気づくのです。

仕事で成果を出し続けることを目指すのであれば、この「奮起」に依存し過ぎるのは危険です。

大企業に新卒で入って同期と競争し合って、先輩を追い抜いて管理職になって、役員になってしまった瞬間にモチベーションが落ちてしまうことがあります。すごくエネルギッシュだった方が役員になった瞬間に元気がなくなるというケースを多く見てきました。

ですから「その先のゴール設定」が大切です。

コンプレックスを埋めることをモチベーションの源にするのは短期的にはよいです。しかし、その先も意欲を持ち続けるには、不平や不満を解消するといった負の解消ではなく、「嬉しさを増す」とか「働きがいをもつ」「関心の高い仕事をする」といったプラスを獲得するゴールを意識したほうがよいのです。

私自身も、「自分がやったことのないことにチャレンジする」とか、「興味をもったことに熱中する」といったことにゴールをもつようにしています。

短期的なゴールを達成するためには、コンプレックスを起点とした「奮起」は味方になります。ただし、その「奮起」は長く続かないことが多いので、その先の「プラス目標」をもつことをお勧めします。

第3章

最小の時間で
最大の成果を出す
インプット

エッセンシャル思考でより少ない労力で成果を出す

第2章ではできる社員の思考法を示してきました。第3章と第4章ではその思考法を駆使し、インプットとアウトプットする方法を具体的にご紹介していきます。

私は2005年にマイクロソフトに入社し、尊敬するオーストラリア人の上司に出会い、彼のアドバイスで読書が習慣になりました。残業続きの過酷な状況から逃れるために、書籍を読み漁りました。読書によって得た先人の働き方に感化されて成果にインパクトを与えるものに注力する「新たな働き方」がスタートしました。

この本質的な働き方を実践し始めて変化が起きました。在籍していたマイクロソフトでは、役員に昇格し、社内の働き方を変革するリーダーとなりました。

2017年に独立してからは、睡眠時間を毎日7時間以上保ち、週休3日で800社を超えるクライアントをもち、書籍を20冊以上出版しました。もちろん自社でもこの働き方改革を実践し、メンバー全員が「週休3日・週30時間労働」を6年以上維持し、利益は毎年アップしています。

より少ない労力で、より大きな成果を残す人材こそが変化が激しい社会でいつまでも生き抜くことができます。これは17万人のAI分析によって確信に変わりました。

各社のできる社員は「必要なことに注力して、成果を最大化する」というエッセンシャル思考を実践していました。

彼らのグランドルールは、**明確かつ測定可能な目標に向けて、より少ない労力でより大きな成果を残す**です。当たり前のように思えるかもしれませんが、このルールで最も難しいのが〝より少ない労力〟にすることです。

読者の皆さんも、これまでの人生経験を通じて、努力の大切さを学んできたと思います。諦めずにコツコツと地道に努力すれば成果を残すことができます。私もそう思っています。しかし、努力できる時間には限りがあります。

私は29歳のとき、毎日睡眠時間を削って努力していました。周囲に認められたいという一心で際限なく努力をしたら、身体を壊して出社できなくなりました。**努力は必要ですが、有限な時間のなかで、努力をどこに向けるかが重要**なのです。

どうしたら長時間労働はなくなるのか？

2019年にニューヨークへ出張した際にホテル近くの図書館に立ち寄りました。とてもきれいな図書館で私は目当ての本を探してから原稿のチェックをしていました。そのとき、図書館スタッフがたまたま通りがかりました。小柄な女性で、鼻にピアスをして、腕にタトゥーもありました。「このような方が日本の図書館で働くのは難しいだろうな」ととっさに感じてしまいました。

しかし、ホテルに戻ってから「そもそも論」を考えました。現状の課題を見抜くために、〝そもそも〟で見えている事象を一度否定し、本質を見抜くのです。これは批判的思考です。

この批判的思考で「タトゥーをした女性が図書館にいる」という状況を分析してみました。

この方はおそらく日本の図書館では採用されないでしょう。しかし、彼女がしていたタトゥーとピアスは、図書館での業務には関係ありません。確かに、タトゥーやピアスをしていないスタッフがいたほうがよいかもしれません。しかし、そもそも図書館の目的は何でしょうか？

私は本を探しに行ったのですが、その図書館は掃除が行き届いていて快適でした。本が整理されていたので、目当ての本を探しやすかったのです。騒がしくなく、本を探しやすい。これが図書館としての「あるべき姿」です。

おそらくタトゥーとピアスをしたスタッフが館内を清潔にしていて、本もきっちり並べているのでしょう。「あるべき姿」を実現する仕事をしていたのです。

ピアスやタトゥーもない真面目そうな方が図書館で働いていたとします。しかし、その方が館内をきれいに掃除して本の整理をおこなうかどうかはわかりません。

図書館にとっては見た目がしっかりしたスタッフがいることよりも、本が整理されてきれいで快適な空間になっていることのほうが圧倒的に優先度は高いのです。

日本の図書館で真面目そうな見た目の人が採用されるのは、「必要〝だろう〟」とか「重要〝だろう〟」とか「相手を不快にさせていない〝だろう〟」と思っているのでしょう。しかし、「だろう思考」でいると、実際は不要なものも全部必要になってしまうのです。

この全部必要を満たすためには、「タトゥーとピアスはダメ、真面目な見た目の人を雇います」となってしまいます。「館内をきれいにする」「本を整理する」といった必要要件よりも、真面目そうに見える人といった必要〝そうな〟要件で採用をしてしまうのです。すると採用基準が厳しくなり人件費が上がります。人件費が高くなった分、利用者が増えるかというと、そうではありません。

たとえば、「この情報があれば怒られないだろう」とか、「こんな質問があるかもしれないから資料に入れといたほうがいいだろう」とか、「PowerPointできれいな資料を作成できることをアピールしといたほうがいいだろう」とか考えて資料を作る時間が長くなっていませんか？　重要〝そうな〟、必要〝そうな〟といった「そうな」を全部カバーしようとしたら、残業沼にハマります。必要〝だろう〟と思ったことを全て揃えるような作業をしていたら、時間は足りなくなって当然です。

では、「だろう」や「そうな」を取るためにはどうしたらいいのでしょうか？

まず、**目的志向**をもつことです。「その資料を何のために作っているのか？」を自分に問いかけましょう。内なる問いかけです。資料作成の本質的な目的は「相手を動かすこと」と「相手から信頼・信用を得ること」です。

提案したら採用される。これは相手を動かすことです。

信頼・信用を高めるとは、資料を見てもらうことで、「このようなインサイト、このようなロジックで説明してくるとはすごいね」といったように認められることです。

この信頼・信用は、いつか相手を思い通りに動かすことに役立ちます。

相手を動かすこと、相手の信頼・信用を高めること。この2つの目的を達成するために、資料に大量の文字を入力することが必要でしょうか？

クロスリバーではＰｏｗｅｒＰｏｉｎｔ資料5万ファイルを収集して分析しました。すると、資料1枚あたりの平均文字数は３８５でした。冷静に考えても、この文字量を読む気にはなりません。

３８５文字あったなかに「要するに何なのか？」が10秒くらいでわかり、それを説得するだけのロジック、裏付けがあれば、じっくり時間をかけて読むでしょう。

調査したところ、作成したパワポ資料の85％は提出後に口頭で説明していました。その資料がしっかりと的を射ていて、相手を説得するに足る根拠とストーリーがあれば、相手を動かすことができます。

資料を作成する時間や苦労ではなく、中身で相手は動くのです。徹夜して作ったという苦労話を伝えて同情を得ることは本質から離れています。とてもきれいな資料を作る人＝一流ビジネスパーソンだとすると、パンフレットや広告をデザインできる人全てが最高のビジネスパーソンになってしまいます。きれいな資料を作ることは手段であって目的ではありません。苦労して作成したことに対して同情はされるかもしれませんが、信用を高めることはできません。

5つの認知バイアスが未来予測を狂わせる

偏見や思い込みによって特定の偏りをもたらすのがバイアスです。統計学や心理学で使われる言葉ですが、日常のビジネスシーンでも配慮が必要です。たとえば、情報収集などにおいてもバイアスがあると、収集データの解釈を見誤る可能性があります。

クライアント各社が事業開発するうえで、こうしたバイアスがかかって調査を進めたことにより、想定通りの成果が得られないことが多々あります。「Z世代はＴＶをあまり観ない」というバイアスでＳＮＳマーケティングに注力したところ、競合他社がおこなったＴＶ番組でのコラボ企画によって市場シェアを奪われてしまったことがありました。

事業開発だけでなく、社内の意思決定や市場調査、報告書作成などでもバイアスの影響を受けることがあります。良かれと思ってやっていたことが無意識にバイアスがかかってしまい、誤った判断をしてしまうのです。

クライアント各社が結果的に間違った判断をする原因となった代表的なバイアスを5つご紹介します。

①確証バイアス

自分に都合のよい情報だけを集めてしまう

無意識に自分の決め付けに近い情報を集めてしまい、反対意見に関係する情報を探ろうとしない傾向にあります。たとえば、リモートワーク賛成派が、出社することのメリットを探さずに、出社しないことのメリットのみを情報収集してしまうようなケースです。

②現在志向バイアス

重要度よりも緊急度を優先してしまう

長期的に見て効率が高く重要度が高いものであるとわかっていても、ついつい目の前の仕事を優先してしまい効率の悪い状態が続いてしまうケースです。表面的な課題に目が奪われて、根本解決しないことが発生するのは、未来よりも今を優先させてしまうバイアスがあります。Ａｍａｚｏｎで衝動買いをしたり、働き方改革をしないのは、現在志向バイアスによって未来に重要なことを軽視してしまうからです。

③代表性バイアス
型にはめて考えてしまう（ステレオタイプ）

代表的なケースから、経験と感覚で判断してしまうことです。過去の事例に当てはめて考えることで脳への負担を減らそうとしがちです。過去の栄光や成功事例に浸り、冷静かつ論理的に判断することを妨げてしまいます。たとえば、飛行機事故のニュースを見ると、空路移動は危険だから車で移動しようと考えてしまい、自動車のほうが事故率が高いことを調べようとしません。「昔は徹夜して頑張ったものだ。最近の若い者は根性がない」といった年配者の発言も代表性バイアスによるものです。

④正常性バイアス
自分だけは大丈夫であると事実を軽んじてしまう

事件や事故が発生したのを見ても、自分だけは安全で助かると考えてしまうバイアスです。事実や状況を軽んじて捉えてしまうため、十分な準備をせずに被害を受けてしまうケースです。この正常性バイアスが働いてしまうと、情報収集においても自分にはマイナスのデータを受け入れなくなってしまい、客観的なインサイトが得られないことがあります。

⑤自己奉仕バイアス
成功は自責にして、失敗は他責にしてしまう

良い成果を得られたときは自分の頑張りと能力のおかげだと評価し、悪い結果が出

たときは他人や環境のせいにしてしまうバイアスです。たとえば開発した商品がヒットした場合、「自分が頑張ったから」と周囲にアピールし、開発が失敗したときは「ほかのメンバーの頑張りが足りなかったから」と他責に考えてしまうのです。成果が出たときを自分の能力と勘違いしてしまうと、その原因を正しく分析できないため、「成果を出し続けること」は難しくなります。

こうしたバイアスは誰しもがもっているものです。しかし、バイアスの存在自体を理解しないと、「前提を疑う」や「反対意見のデータも集める」などの対処策を取ることができず、未来予測を見誤る可能性が高まります。

仮説＋メタ認知で検証する

できる社員はいきなり作業を開始するのではなく、まずは止まってじっくり考えて、現状に対して疑問を呈します。その疑問から「問い」を仮決めして、その検証をすることでバイアスを取り除きます。最小の時間で正しく問題解決に向けてエネルギーを傾けるのです。

戦略をもたず、ただ漫然と手をつけることは結果的に時間を浪費します。情報収集に関してもなんとなく検索していたら目当ての情報を見つけることができたとしても、その感性と運によるものは再現性が低いことが調査で判明しました。

クロスリバーでは、この「目当ての情報」にいち早くたどり着くために、汎用性のある情報収集手法を探すべく、できる社員の思考法をモデルとしてクライアント各社で情報収集のワークショップをおこないました。同じ課題に対して、どのような検索方法だといち早く適切な答えが導き出せるのか？　ワークショップ後にどの情報源からどう収集すると効果があったのか？　１８４社、３万４千人を調査しました。

その結果「こうであろう」と仮説を元に、情報収集すると効率が高まることがわかりました。

これは多くのビジネスパーソンが実践していることですが、仮説には「バイアス」がつきまといます。「自分に都合のよい情報を集めてしまう」といった確証バイアスなどです。こうしたバイアスを取り払うために、できる社員が実践していたメタ認知と検証を活用します。**「自分はバイアスをもっているのだ」と認識していることがメタ認知です。**

バイアスがあることを前提にして、アウトプットの仮説を立てて調べてみる。確証バイアスを除去するために、**反対の情報も集めて仮説を疑ってみるのです。**この疑いを除去できれば、仮説の正当性を証明できるのです。

仮説をもって検索をすれば対象を絞ることができ、探す時間を圧縮して検索精度を高めることができます。

こうして仮決めをして作業に移ることで効率を高め、検証することによって精度を高めていくアプローチは、とくに若手社員で再現性が高くなりました。

昔はリーダーから指示されて、それをこなしていく業務遂行能力が求められました。実直さや勤勉さが求められていたのです。リーダーが正解を知り、過去のやり方を踏襲すれば成果が出る環境であれば通用します。

しかし、現代のように変化が激しく不確実な状況では、過去のやり方は通用しにくいのです。顧客のニーズが複雑になり、リーダーが正解をもっていないケースも増えています。**これからの時代は、リーダーの指示を待つことなく、自らが変化を読み取って、自分で課題を探索して解決していくことが求められます。**これまでどおり課題解決力は評価されますが、今後さらに求められるのは「課題設定力」です。日常業務のなかで「業務が滞っているのは意思決定プロセスの問題ではないか」「お客様は自分に必要なものを認識していないのではないか」と当事者意識をもって、課題解決の「仮説」を立てて調べてみるのです。

「仮説」を立てることが習慣になれば、情報収集だけでなく日常業務や私生活でも課題解決しやすくなります。

精度70％を目指す

情報検索においても際限のない努力は不要です。１００％の自信をもてるまで情報を集めても、自己満足にはなるかもしれませんが、成果を出し続けることはできません。体力と根性で１００％の情報を集めることができたとしても、それを継続することはできないのです。

正解が見えにくい現代では、そもそも何をもって１００％と定義するかが困難です。「ここまで調べたら終了」と誰も指示してくれません。

「より少ない労力で、より大きな成果を残す」には、精度70％程度を目指して仮説設定や検証作業をしたほうがよいのです。一度結論を出したら終わりではなく、仮説と検証のサイクルを多く繰り返すことで精度が高まっていきます。70％の仮説、そして

70％の精度で検証し、獲得した学びを元に、次の仮説設定と検証作業に役立てていくのです。

「どうやって70％と測るのですか？」という質問をよく受けます。その際には「１００％を目指さなければいい」と答えます。１００％完璧を目指さない＝70％程度でいい、という意味です。肩の力を抜いて、初動を早めて、しっかり検証して修正すればよいのです。

複雑で不確実な時代には、成功・失敗の２択ではなく、失敗・失敗の先に成功があるのです。**70％程度の仮説で70％程度の情報取集をして、検証と修正を繰り返す。**これが成功に近づくアプローチ法です。

アウトプットありきでインプットする

情報収集とはインプットであり、そもそもインプットは目的ではありません。できる社員は、ストックが目的の情報収集をほとんどしません。自分を安心させるために情報収集するのは無駄だと考えています。実際、「重要〝そうな〟資料」は約8割使われません。ある2社のクライアント企業がオフィスを移転する際に、「重要な資料」と「重要〝そうな〟資料」を意図的に分類して、移転先に持って行ったところ、「重要〝そうな〟資料」が移転後2年以内で使われたのはたった17％でした。83％は書庫に保管したままで、その存在を知っている社員もごくわずかでした。ちなみに「重要な資料」と分類されたものは90％以上活用されていました。

できる社員は、こういった「重要〝そうな〟情報」を集めません。重要かどうかを判断するために、上司や同僚に「伺い」を立てて認識を合わせ、「重要な資料」「重要な情報」だけを収集していました。

読書にも同じことが言えます。本を読むというのはインプットであり、それだけでは自分の周りに変化は起きません。私は月に30冊ほどの本を購入します。しかし、本を入手したことで安心して棚に積み上げたり、読んで終わりにしたりするのは意味がないと考えています。

読書によって得た知識をアウトプットしないと読書時間が無駄に終わります。いつか役に立つと思ってひたすら読書を続けても、それを仕事に適用させたり、他者に伝えて信頼を得たり、提案書に活かして受注につなげたりしないと意味がないのです。

ですから、読書を含めて情報収集（インプット）はアウトプットがあることを前提に進めないといけません。読んで終わりではなくて、直面している問題にちょっと活かしてみようとか、メンバーとの対応に苦労しているから本で学んだことを試してみようとか、行動に活かす＝アウトプットすることによって意味をもたせることができるのです。

たとえば、歴史小説で学んで、「この考え方は現代でも活かせるな」と思ったら、自分の行動に反映させてみるのです。あるいは、キャリアについて悩んでいるから、その悩みを解決するための情報を収集してみるといったことです。

アウトプットありきでインプットするとインプットの質が変わります。

インプットだけでは自己満足です。伝えたり、表現したり、行動したりとアウトプットに反映させることで自己満足＋他者満足に変わります。
「その情報収集は何に使うのか？」と自問しながら作業を進めると、無駄な作業に時間を費やすことがなくなります。

ちなみにできる社員はしばしば先にアウトプットしてからインプットします。精度70％程度の完璧ではない状態で、チームミーティングなどで発表します。そこでメンバーからの質問されて、さらに明確にしたいことが出てきたら、再びインプットをしています。アウトプットありきのインプット、そしてアウトプットが先でインプットが後。ぜひ試していただきたいと思います。

あえて検索時間を制限する

多くの方は、Ｇｏｏｇｌｅ検索を使っていると思います。たとえば、国立図書館に足を運んで調べるよりもＧｏｏｇｌｅで検索するほうが圧倒的に早いです。

そういった意味では、情報検索する時間、探索時間、探索コストを最小化するためにＧｏｏｇｌｅ検索はよい手段です。

ただし、Ｇｏｏｇｌｅ検索では、制限時間を設けることをお勧めします。

「仕事は、完成までに利用可能な時間を使い果たすように拡大していく」というパーキンソンの法則があります。この法則はイギリスの歴史・政治学者であるシリル・ノースコート・パーキンソンが主張した行動習慣で、その名を取ってパーキンソンの法則を呼ばれています。

必要以上に検索に時間をかけたり、作業を先延ばしにして締め切りギリギリで作業を開始してしまった経験はないでしょうか？　それは、自由に使える時間があるからです。制限がなく、コントロールできる時間があると、作業をダラダラと続けてしまうのです。

検索作業に時間制限を設ければ、それまでに終えようと「締め切り効果」が効き、必要以上に検索することを防げます。

たとえば、「Ｇｏｏｇｌｅ検索するのは10分だけ。その結果を元に資料を作成し、確認のために最後に5分Ｇｏｏｇｌｅ検索する」と時間制限を設けるのです。もちろん、想定外に良い情報が見つかったり、偶然同僚に教えてもらって調べなくて済んだという事態も起こりえます。

時間制限を設けることで、集中して作業を完了させようとします。各社でおこなったワークショップでは、検索時間の制限を設けたチームと、時間制限のないチームに分けました。同じ難度の問題をほぼ同じスキルの人たちで取り組んだところ、時間制限ありのチームのほうが27％以上早く答えを導き出すことができました。

突然ですが、Ｇｏｏｇｌｅは何の会社でしょうか？　若手社員研修でこの質問をすると67％の受講者が「検索の会社」と答えます。検索サービスを提供している会社ですので間違いではありません。しかし、無償の検索サービスを提供するのが本業（コアビジネス）ではありません。Ｇｏｏｇｌｅの親会社であるアルファベットの決算発表を見ると、全体売り上げの約7割は広告収入です。

Ｇｏｏｇｌｅは提供する検索エンジンの検索履歴を保有しています。

たとえば、50代男性が「時短」とよく検索して、その後に関連する家電製品を購入していたとします。こうした履歴を蓄積していくと、「時短」と検索ワードを入れた人に、家電製品の広告ＵＲＬを表示したほうがクリックされやすいことをＧｏｏｇｌｅは知っています。時短できる家電製品を販売している企業は、競合よりも広告料を多く支払うと検索結果の上部に表示されます。リスティング広告です。

こうした広告主からの収入がＧｏｏｇｌｅのコアビジネスを支えています。Ｇｏｏｇｌｅにとっては、ググる人ではなく広告を出してくれる企業が真の顧客です。

ＳＥＯ（Search Engine Optimization：検索エンジン最適化）対策をしているサイトも数多くあります。あるキーワードを検索した際に、特定のＵＲＬを検索結果の上位や目立つ場所に表示させるための施策をＳＥＯと呼びます。ＵＲＬがクリックされたら素早くサイトが立ち上がるようにパフォーマンス改善をしたり、スマートフォンなどのモバイルでも見やすい表示にデザインします。こうした様々なＳＥＯ対策を施すことで、Ｇｏｏｇｌｅの検索結果一覧の中で、クリックされやすい場所に表示されるようになります。

こうした仕組みは、検索しているユーザーの意思とは関係なく、恣意的に特定のＵＲＬをクリックさせようとしているのです。これを理解しておかないと、検索結果で最上位にあるものだけをクリックしたり、気づいたら物品を購入するように仕向けられてしまいます。制限なくダラダラと検索作業を続けると、こうした検索の罠にはまりやすくなります。

制限時間を設けることが検索作業の効果と効率を上げます。広告やＳＥＯ対策が施されていることを理解したうえで、目的意識をもった検索をしましょう。

必要な情報を探し出す3原則

仮説を立てて検索対象を絞り、検証することでバイアスを取り払います。制限時間を設けて効率を上げ、広告の仕組みを理解しながら検索をします。

ここまではマインドセット（心構え）を中心に説明してきましたので、これからは具体的にどのように、どこで情報収集すべきかお伝えします。

できる社員の情報収集方法を分析し、個別ヒアリングを通じて以下3点の共通点があることがわかりました。

1. 情報源を明確にする（信頼度を確認する）
2. 鮮度を意識する（情報源の日付を確認する）
3. 偶発的に得た情報を見逃さない（メモを残す）

1. 情報源を明確にする（信頼度を確認する）

Ｇｏｏｇｌｅ検索で情報を集めると、ついついまとめることが目的となってしまい、情報源を書き忘れる方が多いです。どのサイトで見つけたのか、どの学説を引用したのかなど、情報源を記載しないと信頼度が下がります。とくにネット情報はデマが横行しやすく、オンラインメディアの記事ですら事実と異なっているケースもあり、後日訂正されることもあります。いつ、どこで、誰の情報であるのかを明確にして、情報源を明らかにしましょう。

さらに、報告書などに検索で導き出された事柄を入れる際には、「事実」「意見」「憶測」を分けて引用します。１つの事柄に対して、事実なのか、個人の意見なのか、単なる憶測なのかを明らかにしないと、伝える相手を困惑させます。

たとえば、山梨県を震源とするマグニチュード４の地震が発生したとします。「山梨県が震源地である」「マグニチュード４の地震」はそれぞれ事実です。そこで解説者が「太平洋プレートの近くであるので南海トラフとの関係があるのではないでしょうか」と述べたとします。しかし、気象庁はそのことに触れませんでした。つまり、「南海トラフとの関係性」は解説者自身の見解であり、事実と言い切るのは危険です。ニュースを見ていると発言者の映像が見えるので「解説者が憶測を述べた」と判断しやすいですが、文字情報になると誰が発したのかを察することはできないので、主語を明確にして、「事実」「意見」「憶測」を切り分けて記載したほうがよいのです。

2. 鮮度を意識する（情報源の日付を確認する）

情報は新しいものに書き換えられていくので、いつの情報であるかを明記しないといけません。デジタル情報であればなおさら即座にアップデート（置き換え）されるので、注意が必要です。

情報自体には鮮度があり、1年いや1カ月で陳腐化することはよくあります。たとえば、2004年まで牛乳は健康食品であることを疑う人は少なかったです。しかし、2005年に『病気にならない生き方　ミラクル・エンザイムが寿命を決める』（サンマーク出版）という本がヒットし、その中で「牛乳は身体に悪いと考える意見」が含まれていたことから、牛乳の不健康説が広がりました。こうした一連の情報があるなかで牛乳は健康食品であることを説明するには、「牛乳は不健康であるという説があるが」と入れておいたほうが客観性は高くなります。ヒット作が世に出る2005年以前であれば不要だったかもしれません。

3. 偶発的に得た情報を見逃さない（メモを残す）

情報を集め始めると思わぬ事実に出会うことがあります。世界のインターネット人口を調べていたら、人口のまだ半分しかインターネットにつながっていない事実を知り、その状況のなかでアフリカの普及率が低いことを知ります。そこからアフリカの将来性について調べを進めるようなケースです。

偶然の出会いをセレンディピティ（Serendipity）と呼び、キャリア開発や事業創発などで用いられます。まったく意識していなかった他部門からお声がかかり異動したら大活躍したり、Ｔｗｉｔｔｅｒでフォローしてくれていた人とイベントで対面してビジネスパートナーになるようなケースです。

情報収集でもセレンディピティはあります。仮説を立てて対象を狭めてはいるものの、少しずれたところに思いがけない重要な情報を見つけるケースはよくあります。

たとえば、新車のオートバイを購入しようとしたら半導体の部品不足で半年待ちであったとします。早く乗りたいので、中古車を探していたら、たまたま走行距離0キロメートルのオートバイが掲載されていました。メモ欄を見たら、支払い前にキャンセルとなったことを知り、すぐに電話して購入できたというケースです。

「中古車を探す」と的を絞ったのに、未使用車（以前は新古車と呼ばれていたが、誤解を招くので使われなくなった）を見つけて、即座に納車することができたのはセレンディピティです。

「偶然の出会いがあることを自分は知っている」とメタ認知しておいてアンテナを張っておいたり、偶然触れた情報をメモにとっておくことで、「偶然の産物」を手に入れやすくなります。

無料情報でビジネストレンドをつかむ

Ｇｏｏｇｌｅ検索で得た情報自体に価値はありません。同じ検索ワードを入れれば誰しも同じ情報を得ることができるからです。ネットで得た情報をそのまま資料に入れるのではなく、各情報の相関関係や因果関係を見出し、洞察（インサイト）に昇華させて未来を予測することで、情報は「価値」に変わります。

また、先に述べた通りネットの情報は真偽の判断が難しく、デマやフェイクをリーダーや顧客にもしも提示してしまったら信頼を大きく損ねます。

そこで、できる社員は信頼の置ける機関・団体の情報源を探っていました。

ここでは、全体のトレンドを示唆してくれる情報源をご紹介します。とくに20代・30代の方にはお勧めです。これらの存在を理解し、情報が更新されたら軽く眺めて全体のビジネストレンドを把握しておくことを推奨します。

Ⅰ．官公庁／公的機関

情報源	特徴
官公庁、 公的機関	**（１）経済産業省委託調査報告書／経済産業省** http://www.meti.go.jp/topic/data/e90622aj.html 経済産業省が民間調査会社等に委託して実施した調査報告書の一覧。リンクがあり、報告書の中身も確認できる。どのような調査が行われているかを概観するだけでもトレンドを読み取ることができる。 **（２）特許出願技術動向調査等報告／特許庁** https://www.jpo.go.jp/resources/report/gidou-houkoku/tokkyo/index.html 特許出願の状況から今後の注目ビジネスを読み解くことができる。個人的には、とくに次年度調査予定テーマを１つの指標として常に参考にしている。 **（３）研究開発戦略センター（CRDS）／科学技術振興機構** http://www.jst.go.jp/crds/index.html 国内・海外の科学技術イノベーションの最新情報を確認できる。とくに日本に居ながらにして得られる海外の技術・研究戦略情報は非常に参考になる。 **（４）景気ウォッチャー調査／内閣府** http://www5.cao.go.jp/keizai3/watcher/watcher_menu.html 国によるいわゆる街角景気調査である。生活者に近い位置でビジネスを展開している様々な事業者の生の声が集められている。代表的な顧客トレンド情報と言えよう。世の中を俯瞰するために、BtoBビジネスに携わる方も要チェック。

図８

2．経済3団体

情報源	特徴
経済３団体	**（１）日本経済団体連合会（経団連）** http://www.keidanren.or.jp/ 東証第一部上場企業を中心に構成される団体。経済界が直面する国内外の広範な重要課題について、ステークホルダーの意見を取りまとめ、調査や意見書の取りまとめをしている。業界およびテーマごとに言及された意見書などは要チェック。 **（２）経済同友会** https://www.doyukai.or.jp/ 日本の企業経営者の団体。企業経営者向けに、企業白書や政策提言、景気定点観測アンケートなどの調査を提供している。経営陣へ情報提供をする際には押さえておきたいマクロ情報。 **（３）日本商工会議所** https://www.jcci.or.jp/ 全国で515商工会議所を会員とした団体。地域性を考慮した情報が特徴的。早期景気観測調査（LOBO調査）は毎月更新され中小企業の景気状況を把握するのに役立つ。

3．メガバンク／シンクタンク

主な情報源	特徴
金融機関、シンクタンク	**三菱UFJ銀行　経済・産業レポート** http://www.bk.mufg.jp/rept_mkt/sangyo/index.html **三井住友グループ** **SMBCコンサルティング　最新業界レポート** https://www.smbc-consulting.co.jp/company/mcs/industry/ **みずほ銀行 産業調査** https://www.mizuhobank.co.jp/corporate/bizinfo/industry/sangyou/index.html

リアル人脈で脱ネット依存

先ほど説明したセレンディピティは、人が連れてくることが多いです。「そんなの嘘だ！」と思うのでしたら、3年間誰とも会わないようにしてみてください。人のいない世界に幸運はありません。人を避けるというのは、幸運を避けることとイコールなのです。

社内異動して新しく出会った人、SNSで新しく出会った人、スポーツジムで新しく出会った人、副業を始めて新しく出会った人、コーチや取引先。もしかしたら、この人たちこそが幸運の運び手かもしれません。

運をつかめない人というのは、どこに幸運があるか知らないのです。「私ってツイてないよなぁ」とボヤきながら、目の前にいる「幸運の運び人」を見逃してしまうのです。

神秘的な話をしたいわけではありません。現にできる社員は「人とのつながりを大切にして偶然の出会いを必然にする」と発言していました。私自身の経験でも、キャリアの7割は偶然の出会いで生まれると思っています。

今後、出社とリモートワークを使い分けていく「ハイブリッドワーク」がさらに浸透していくと思います。この環境下では人間関係を良好に保ち、スマートに共同作業を進めていくことがより重要になっていきます。

できる社員はそういった動きを先取りし、出勤していてもリモートワークであっても、メンバーとの関係構築を強く心がけていました。

たとえば、突然会社の廊下ですれ違った隣の部門のリーダーに話しかけられて、雑談したことがその後の人事異動に影響を及ぼすといった経験をしています。たまたま興味をもったオンラインセミナーに参加してみたら、自分がワクワクするキャリアモデルに出会ったり。なんとなく書店に足を運んで、通路で目にした本を手にしてみたら、結果的にそれが、自分の人生を動かすベスト書籍になったりといった経験を多く耳にしました。

しかしリモートワークによってリアルな対面が制限されると、そういった偶然の出会いに出くわす機会が減ってしまいます。他部門を巻き込んだり、ちょっとした雑談からビジネスアイディアを汲み取ることが難しくなってきます。

そこでできる社員は偶然の出会いを作るために様々な工夫をしていました。社内メンバーだけでなく社外勉強会などで知り合ったビジネスの専門家など、多種多様な人々とリアルな人間関係を積極的に構築していました。ＳＮＳでフォローし合っている程度の薄い関係ではなく、ビジネスを真剣に相談できる仲間を作っていました。

こうしたリアルな人間関係を構築しておけば、Ｇｏｏｇｌｅ検索だけに依存することなく、希少価値の高い情報を得ることができます。本音で相談できる人や「この人のためなら助けてあげられる」という人を３人ぐらいは作れる工夫をしてみてはいかがでしょうか？

Column

時価総額で世界一になったマイクロソフトとＮＴＴの共通点

世界の時価総額ランキングを見ると上位は米国のＩＴ企業が占めています。Ａｐｐｌｅも依然として上位ですし、マイクロソフトはかつて１位を獲得し、その後も20年以上トップ10を維持しています。

私が社会人となった27年前（１９９６年）は、世界ランキングのトップ10に日本企業が６社入っていました。その１位が私が新卒で入社したＮＴＴ（日本電信電話株式会社）でした。幸運にも時価総額で世界１位になったことのあるＮＴＴとマイクロソフトの２社で働くことができました。この２社はまったく違う会社に見えますが、アナロジー思考で分析すると共通要素がいくつかあったのです。

ＮＴＴが世界トップとなったのは元々電電公社という公的機関だったからだと個人

的に思います。電気やガス、通信といったインフラはまず国が管理して安定させてから民営化していくのが通例です。しかし、トップとなったのはそれだけが理由ではありません。「変わる覚悟」があったからです。

電電公社は役所と同じで潰れない組織でした。ここに入社した公務員の人たちは、民間企業のサラリーマンになったわけです。売上や利益を意識しなくてはいけなくなりました。

私が入社した1996年当時の従業員数は約16万人です。その大半が電電公社の出身ですから、その人たちの意識を変えるのは難しかったと思います。ただ、変化の様子を肌身で感じました。慢心している人もいましたが、変わろうとする雰囲気を現場で感じることができました。

たとえば、NTTのコアビジネスモデルは、電話サービスを売ることです。「もしもし、はいはい」の固定電話（イエデン：家にある電話）関連のサービスを売ることが本業でした。しかし、1990年代後半から携帯電話が普及し始め、固定電話の存続に危機感をもっていました。特定の場所でしか使えない固定電話は先行きが厳しいことを自覚してたのです。そこで、電話会社からインターネット会社に「変わる覚悟」をもつことができたのです。ＮＴＴはコールセンターで電話サービスを受け付けていたので、そのスタッフを営業部門に配置転換して、「インターネットどうですか？　名刺にメールアドレスを入れてお客さんとのやり取りをしませんか？　ホームページをもちませんか？」と販売させたのです。こうした思い切った転換ができたのは中央集権型の組織だったからです。

今は現場に権限を与えて自分で考えて動く組織を作ろうとしている企業が増えています。前述したウェブ３・０時代のＤＡＯは分散型組織です。中央に管理する人がおらず、特定のネットワークの中にいる人たち同士で信頼し合い、意志決定していくモデルです。

時価総額のトップを獲得したＮＴＴもマイクロソフトもＡｐｐｌｅも中央集権型の組織でした。トップダウンで指示をして現場が動くことができるのが当時の「強いＮＴＴ」でした。トップが「変わる覚悟」をもち、しっかり伝えて現場の意識と行動を変えていったのです。結果的に16万人の行動を変え、売上は右肩上がりで株価も上がり、時価総額は世界1位になりました。

マイクロソフトが強い時代も中央集権でした。ビル・ゲイツが開発を指揮して、スティーブ・バルマーCEOが現場に指示を出していました。その体制のおかげでWindows帝国を築くことができたのです。

しかし、2000年代に入り、マイクロソフトは苦境に立たされます。携帯電話やスマートフォンの普及で、パソコンの出荷台数が頭打ちになりWindowsが売れなくなりました。株価も下がり、ライバルのAppleやGoogleが勢いを増しました。そうした劣勢な状況で2014年にCEOに就任したのがサティア・ナデラです。彼はWindowsに依存することなく、クラウドの会社に「変わる覚悟」をもったリーダーでした。就任直後にiPhoneでもExcelやPowerPointを使えるようにして、それを裏で支えるクラウドサービスをコアビジネスとすべく大きく舵を切ったのです。その後、株価が急伸し、再び時価総額が世界トップとなりました。

世界一となったNTTとマイクロソフトに共通するのはリーダーが「変わる覚悟」をもって、「中央集権型」で現場に変革を浸透させたことです。

「変わる」ということは過去の栄光を手放すということです。NTTで言うと固定電話、マイクロソフトで言うとWindowsです。成功したものを手放すというのは勇気がいります。しかし、外部環境の変化に対応していくために「やめること」と「新たに始めること」を同時に進めていく必要があるのです。

個人の仕事術でも同じことが言えます。日々新たな難題が振ってきます。それらに対応をするときは、過去の習慣を手放していかないといくら時間があっても足りません。何か新たなタスクを1つ追加するときは、既存のタスクを2つ減らすのがクロスリバーのルールです。タスクを減らすのは経営者として厳しい決断が求められます。しかし、このルールのおかげで全メンバーが週休3日を維持し、毎年成果を上げることができています。

第4章

最小の時間で最大の成果を出すアウトプット

「ブレイクスルー・インプット法」で早く確実にアウトプットする

できる社員はハイポ思考で仮決めをしたうえで、アウトプットありきのインプットをすると述べました。

できる社員は第2章でご紹介した思考法を駆使して、インプットを効果的なアウトプットにつなげています。こうした一連の仕事の進め方を本書ではじめて体系化しました。その具体的な方法をご紹介します。

仮説を立てて検索対象を絞り、いち早くアウトプットをするためには、やる気に頼らずに初動を早めることが大切です。

どうやって初動を早めるか。「よしスタートだ！　これをいつまでにやらなくてはいけない！」となったときにどうやってやる気に頼ることなく取り掛かりを早くするか。できる社員は、「自分はどうしても怠けてしまう」と言って謙虚です。突出した成果を出しているのに、自分を怠け者だと思っているのです。しかし、仕事の初動を早めることを重要視していました。怠け者だと認識しているからこそ、初動を早める仕組みを作っていました。「仕事は初動で9割決まる」と発言していた人もいたくらいです。

できる社員はやる気をあてにせずに初動を早めるためのルーティンを作っていました。仕事を始める習慣を仕組み化していたのです。

物事に取り掛かるときにどうやってやるか、Ｈｏｗがわかっていないと行動ハードルが高くなり手を動かすことを躊躇してしまいます。

たとえば、プラモデルを作ったことのない人が、箱を開けて複数のパーツを見たら、「こりゃ大変だ……」と心理的なハードルが上がります。はじめて4ページの冊子に目を通すのと、はじめて５００ページの書籍を頭から読み始めるのとでは、後者の取り掛かりのほうが遅くなります。

やり方がわからないと行動を起こしにくくなるので、**先に「やり方」を決めてしま**

うのです。つまり、情報は、制限なく探し続けることができてしまうので、集める情報の数を先に決めて、それを埋めることに集中するのです。

情報収集の箱を用意して、箱に情報を詰めてから、アウトプットに向けて情報を「絞る」のです。情報収集前にあれこれ悩むことがなくなるので初動が早まります。情報収集の後に情報を絞ると決めておけば、「絞りながら探す」というマルチタスクを避けて、「探すこと」に集中できるので効率が高まります。先に箱を決めて情報収集し、その後に本来の目的達成のために「絞る」ことでアウトプットの質は高まる。この一連の作業を体系化したのが、ブレイクスルー・インプット法です。

ステップ1：お題に関する情報を16個入れる

ネットニュースや論文などの様々な情報源から、テーマ（お題）に関する情報を16マスの中に入れます。重要度や実現可能性などの評価軸を考慮しながらマスを埋めていく実験もしたのですが、効率も効果も落ちる結果となったので、「16マス」を埋めることに集中してください。マスが埋まってくると達成感を得ることができます。検索し過ぎて時間を浪費することを防ぐために、16マス埋めたら手を止めます。

ステップ2：アウトプットに向けて重要な情報をピックアップする

情報を入れた後に、目的に立ち返ります。つまりここで作業の手を止めて、本来の目的であるアウトプットを意識します。収集した情報を誰にどうやって共有するのかを決めて情報を絞ります。

たとえば、リーダーに向けたアウトプットであれば「どれが響きそうか？」「どのキーワードを使うと印象に残すことができるのか？」を考えて集めた情報をピックアップします。アウトプット先のターゲット（Ｗｈｏ）と、その相手に伝達する問いの答え（仮説）を元にして絞るのです。

延べ2万5千人に対しておこなったワークショップでは、3つのキーワードを抽出して、相手に伝わるメッセージを作ることで、相手に伝わりやすくなることがわかりました。この手法で、プレゼンの冒頭で要点を伝えたり、パワポ資料のタイトルにしたりすることで、相手の理解度と行動意欲度が上がることがわかっています。

ステップ3：アウトプットしてフィードバックを受ける

プレゼンをしたら相手が正しく理解できたのか、興味が高まったのかを聞きます。このステップでは、相手から質問を受けることが多いです。質問が来たらチャンスです。それは相手の興味・関心が高まった証拠です。ここで受けた質問のうち「わからないもの、即答できないもの」を情報収集します。相手が欲しい情報がわかっていますので、的を絞って情報収集ができます。

ステップ4：フィードバックに答えて信頼を得る

ステップ3のフィードバックで求められた追加情報を確実に提示し、相手から信頼を得ます。答えを見つけることができないこともありますが、相手に賛同して検索したことは伝えてください。「相手の意見を聞いて自分で調べる」という能動的動作を

ブレイクスルー・インプット法

「問い」
シンギュラリティが医療業界にもたらす影響を予測する

①様々なメディアソース から関連するキーワードを 16 個抽出する

②相手に伝わるように1分で説明できるメッセージを作ってください。

図9

記入例

ブレークスルー・インプット法の実践例

「問い」
シンギュラリティが医療業界にたらす影響

STEP① 様々なメディアソースから関連するキーワードを16個抽出する

技術的特異点	2025年問題	プレシン ギュラリティ	エネルギーの 無料化
不老不死	不労社会	戦争がない世界	深層学習
ナノ テクノロジー	生物学上の限界 を超えた能力	仮想自社開発 能力の向上通貨	ベーシック・ インカム
悲観論	必要とされる 仕事	倫理の問題	仮想通貨

STEP② 3つの重要キーワードに絞る　STEP③ 1分メッセージをつくる

重要キーワード
プレシンギュラリティ

1分メッセージ

AIが人間の能力を超える技術的特異点は、スーパーコンピューターとの併用によりプレシンギュラリティとして既に変革をもたらしている。倫理の問題など議論は続くが、深層学習などで新たな価値を生み出すことは間違いないので、どの分野であってもAIの活用方法を検討すべきである。
(130文字)

倫理の問題　**深層学習**

図10

したことが伝わることで、再びアウトプットの機会を得ることができます。

この４つのステップを「型」として身に付けると、インプットとアウトプットを理解しながら一連の作業を進めることができます。リーダーや顧客から情報収集の指示を受けたら、「ブレイクスルー・インプット法に基づいて、まず情報を16個集めればいいんだな」と思い出すことで、初動を早めることができます。ゆっくりで丁寧な仕事を卒業し、素早くて正確な仕事をするために、この手法を活用しましょう。

顧客やリーダーが求めるのはインサイト

情報つまりインフォメーションをネットで調べるときは、Ｇｏｏｇｌｅ検索を使います。

しかし、Ｇｏｏｇｌｅの検索結果だけでは価値がありません。

そもそも、Ｇｏｏｇｌｅの検索結果はインターネットとデバイスがあれば、誰でも入手できます。たとえば、レポートを作成するときに、すべてＧｏｏｇｌｅで検索した結果を載せることが意味のないことは想像できると思います。誰もが容易に入手可能な検索結果をレポートに並べ立てても、情報の価値はありません。多くのビジネスパーソンは、Ｇｏｏｇｌｅ検索してすぐに答えを探そうとし、ほかの人が出した答えを真似ようとすらします。その検索結果に希少性やユニークさはなく、ビジネス相手がそれに大きな価値を見出すことはないわけです。

もちろん、探す時間やまとめる時間を短縮する意味では、検索結果のまとめは役に立つこともあります。しかし、ビジネスとは「欲しいけど得ることができないことを提供することによりお金を得ること」です。ですから、自分でも簡単に入手できる情報をただ並べられても相手はお金を出さないのです。

Ｇｏｏｇｌｅ検索した結果を並べるのは、単なるインフォメーション、つまり情報の点です。その点だけ見ても未来を予測することができません。

情報を集める作業であればＡＩが得意です。最近話題のＣｈａｔＧＰＴは情報収集型のＡＩサービスです。定型で量をこなす作業はＡＩが最も能力を発揮するシーンの1つです。それも文句を言わず24時間３６５日作業を継続します。時間をかけて大量の情報を探す作業は人間に求められていないのです。

ＡＩに代替できない人間の能力は生み出す力、つまりアイディアを出す力。非連続でパターン化されていない情報から「読み解く力」です。

実際、顧客やリーダーが欲しいのはインフォメーションではなくてインサイトです。誰でも検索できるものを他者に提供しても、それは検索時間の削減という価値以外のものは提供できません。**できる社員はこうしたインフォメーションをインサイトにして提供していました。**

Ｇｏｏｇｌｅ検索などで得られた複数のインフォメーションをどのようにつなぎ合わせるかが重要なのです。そのつなぎ合わせにより、どういう洞察（インサイト）が得られるのかということが求められるのです。

「新聞を読みました」ではなく、「新聞を読んで日本の経済格差と教育システムの関係性がわかりました」というインサイトを提示していく必要があります。


できる社員は報告書のなかにインフォメーションではなく、インサイトを入れます。集めた情報のなかから法則性を見出して、それによって得られたインサイトを入れていたのです。

「今週は4件の提案活動をしましたが、顧客対象を絞ったほうが営業効率は高くなることがわかりました。だから来週は過去の成約データと顧客プロファイルを突合させてターゲットリストを再作成します」


こうしたレポートでリーダーから評価を得ることができます。評価によって信頼が高まれば、やり方（プロセス）を任せてもらったり、支援をしてもらうことができます。

時間をかけてインフォメーションを集めても、相手から評価されなければ徒労に終わります。

インサイトとは洞察、つまり情報から得られた学びです。たとえば、「ソロキャンプが流行っている」というのは単なる情報です。これはネットや雑誌で誰もが容易に得られるインフォメーションです。さらに情報収集を進めていくと以下のようなインフォメーションが集まります。

- コロナ禍に解放感を得たい40代が増えていること
- 在宅勤務で家族と接する時間が多くストレスを感じている人が多いこと
- 密を避けてオープンエアーの元で活動したい人が増えていること
- 持ち運びが容易なグッズが発売されるようになったこと
- テントや焚火などの設備が充実したキャンプ場が増えていること
- 風を切って走るオートバイの出荷が急増していること

こうした情報を複合的に集めて、そのなかに共通している要素をピックアップします。これらの例で言うと、「解放」「設備／グッズ」「オープンエアー」を要素として捉えることができます。

インフォメーションをインサイトに昇華する＝点から線へ

インフォメーション＝点

政治 A
テクノロジー F
テクノロジー G
政治 B
政治 C
政治 D
テクノロジー A
テクノロジー B
テクノロジー E
経済 B
経済 I
経済 C
経済 D
テクノロジー D
テクノロジー C
経済 D
テクノロジー I
経済 C
テクノロジー H
政治 EI
経済 E
経済 H

インサイト＝線

点をつないでインサイトを得る

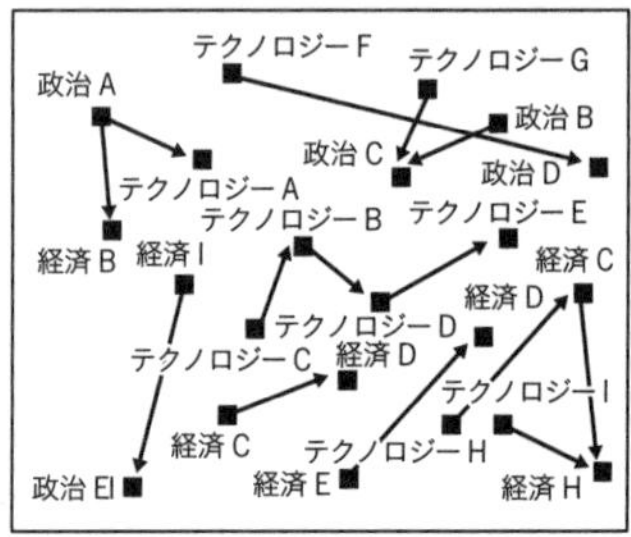

図 11

各情報の共通要素を導き出し、それらをつなげてストーリーで説明すると、インフォメーションの塊がインサイトに変わります。各要素の共通点を見つけることはまさに「アナロジー思考」です。冷静かつ客観的に各情報を見つめて共通点を探ります。

コロナ禍で空間も精神も圧迫された40代は、ソロキャンプやオートバイといった解放感と孤立感の混在したライフスタイルを楽しむ人が増えている。

たんに情報量を増やすのではなく、各情報に共通した要素や、各情報と情報との因果関係を見出すことによって、相手に響くインサイトを捉えることができます。点としての情報をつなげていって線にすることでインサイトになるのです。

このインサイトをさらに積み重ねると面となり、全体像を把握できるうえに、未来を予測することもできます。解放と孤立、家族と個の活動、大勢でやっていたものは個人でも楽しむことができる――こうしたインサイトを集めて、「今後は個を尊重しながら、個人作業とチーム作業の日を分けてみよう。オープンエアーで個を感じられるサービスを企画してみよう」となるのです。

ソリューションとイノベーションの違いを理解する

インフォメーションをインサイトにすると概念は理解できても、実際に核心を突いた洞察を見出すのは簡単ではありません。ここで役立つのが「デザイン思考」です。

第2章ではデザイン思考の最初のステップとして、できる社員は相手と視座を合わせて相手の身になって考えると説明しました。

課題自体を対象にする場合と、課題をもっている人を対象にする場合とでは、解決策を導くアプローチが異なります。すなわち、アウトプット（成果）が変わるのです。

たとえば、ディスカウントストアで大量の商品群から「目当ての商品」を探し出すことが困難で顧客がストレスを感じるという課題があったとします。このケースでは商品をカテゴリーごとにしっかり陳列することが解決策の1つでしょう。さらにスマホを使って「目当ての商品」の陳列場所を探すことをできるようにすれば顧客の不満を取り払うことができます。

顕在化された課題を解決する場合は、そこに内在する「不満」「不平」「不快」を見つけ出し、それを取り払うことです。

しかし、**不満を取り除いても満足に変わることはありません。不満をなくすというのは、マイナス要素を取るだけで、プラス要素を増やすことではないからです。**満足

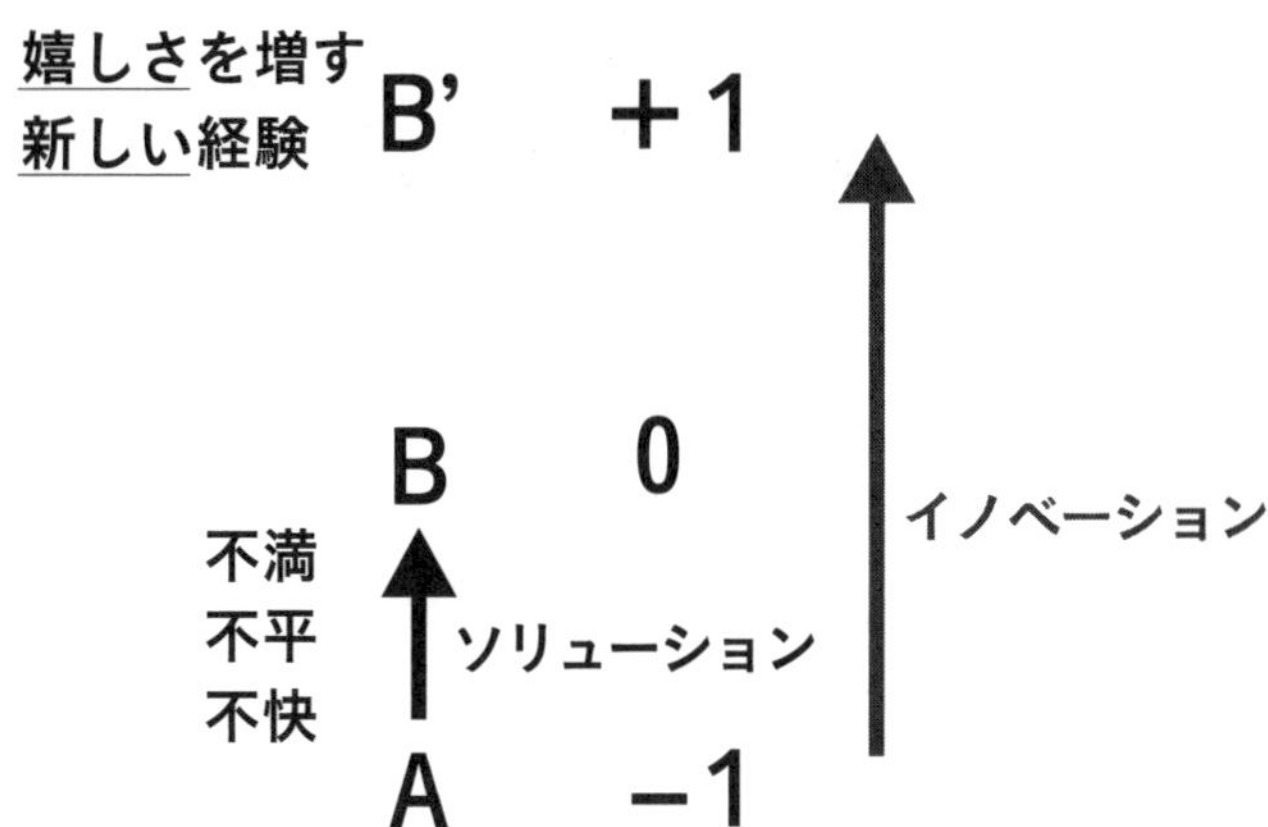

図 12

はプラス感情であって、マイナス感情がなくなればいいわけではありません。

つまり、マイナスをゼロにするのは不満解消であって「満足」ではありません。プラスを提供することで「満足」に変わります。一般に「ソリューション」と呼ばれるものは、「不満・不平・不快」を取り払ってマイナスをゼロにすることです。

課題をもっている人にフォーカスして課題を深く考えると、「満足」を実現するには、新たな経験を提供し、嬉しさを増す必要があることがわかります。「不満・不平・不快」を取り除くだけではなく、さらに「嬉しさ」

相手に提供するベネフィット
マズローの欲求５段階説

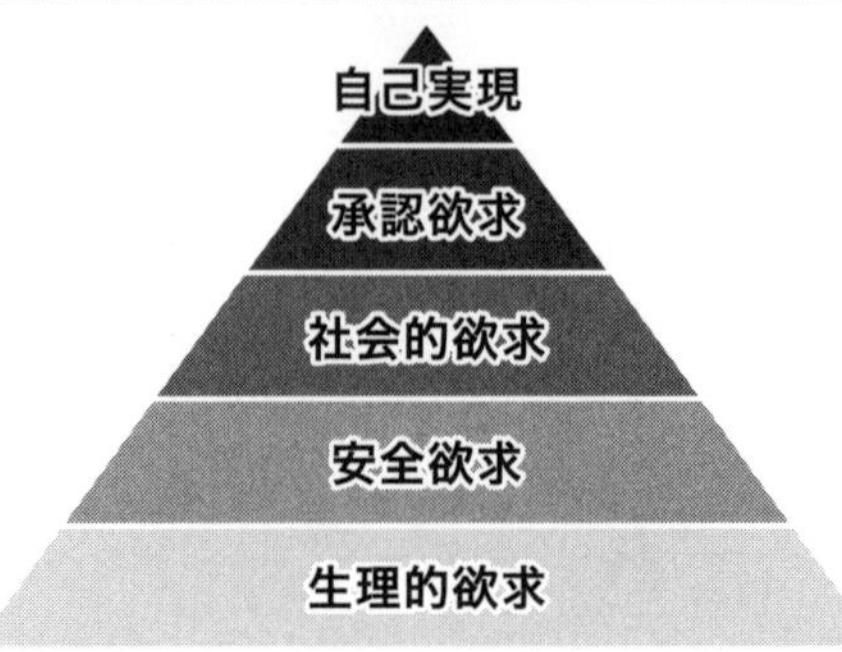

心理学者マズローが定義した欲求５段階（下から順位上がっていく）

図13

を増すことこそがイノベーションです。（図12）

「嬉しさ」を増すことを深く考えると、人間がもつ欲求のメカニズムを理解しておくとよいでしょう。できる社員も意識していたのが「マズローの欲求5段階説」です。

米国の心理学者マズローの有名な学説では、欲求レベルは5段階あり、図13のように下から順に欲求レベルが上がっていきます。

日本は発展途上国ではないので、生理的欲求は満たされている人が多く、安全欲求も多くのビジネスパーソンが満たされているものと思われます。

その次は社会的欲求です。人間関係がうまくいくことや、相手から信頼される関係になることを望んでいきます。

さらにその次の4段階目が承認欲求で、尊厳欲求とも言われます。17万人を対象とした働きがい調査では、この4番目の承認欲求に関する回答が最も多かったです。「お客様に感謝されたとき」や「社内でありがとうと言われたとき」「上司の上司に名前で呼んでもらったこと」などのコメントが続出しました。この承認欲求を満たすことができれば、嬉しさが増し、プラス感情をもつことができるわけです。

こうして「相手の嬉しさ」に着目することができれば、「満足」を実現するアプローチに方向転換できます。不満を取り除くことだけに注力しても相手を満足させることができないという本質的な解決に目を向けることができるのです。

ゲンカミ法でメンバーと共に解決策を話し合う

情報を収集するということは、過去の事実を探ることです。現在に疑問をもち、過去にさかのぼって調べることで、未来を予測することができます。

仮説が正しいかどうかを検索して、データなどで裏付けが取れれば、仮説が論理となり、未来を予測することできます。つまり、過去の学びを元に、現在から未来へのギャップを埋めることが未来予測です。できる社員はこうして現在・過去・未来の順で内省しています。これをゲンカミと名付けました。

ゲンカミは「現在（ゲンザイ）」「過去（カコ）」「未来（ミライ）」の頭文字を取っています。優秀なリーダーもこのゲンカミ法を使っていました。リーダーはチームメンバーと一丸となってチーム目標を達成しないといけません。プロセスではなく成果を評価する制度や、個人の職務責任を明確にするジョブ型雇用が進むなかで、メンバー一人ひとりをチーム全体の目標達成に関わらせることはより難しくなっています。

そこで、優秀なリーダーはメンバーとの対話を通じて内省を進め、未来に向けて取るべきアクションを決めていきます。いきなり未来を語るのではなく、現在と過去を見つめ直し、そのうえで未来を見据えて行動を決めます。

まず「現在の状態」を確認していきます。

現状をどのように感じているかを共有し合います。楽しい、悲しい、厳しいといった感情共有を中心に自己開示しながら言葉を重ねていきます。いきなり腹を割って話すことができない関係性であれば、軽くアイスブレイクとして雑談をしながらお互いの共通点を見つけていきます。サッカー好き、ラーメン好き、インドア派、昔オートバイに乗っていたなど共通項目を見つけ出すと、心理的安全性が確保しやすくなります。

自己開示できる関係性のなかで、チーム内で感じた嬉しかったこと、残念だったことを共有し合います。「今、私はこう思っている」ということが共有できる関係でないと、正しく情報を共有することができません。

「自分が今どういう状態でいるのか」を共有できるような関係性を作るのが大切です。

一般にリーダーはすぐ未来の話をしてしまいがちです。現状がうまくいっていなければ、未来にどう修正していくかを話してしまいがちです。実は私もそうしていました。

しかし、すぐに未来の話をしてしまうと、どうやっていくかという「Ｈｏｗ」の話になってしまいます。そうなると今見えている表面上の課題を解決しようとして「Ｈｏｗ」が薄いものになってしまうのです。「先週は提案件数が達成できなかったから、今週は多めに提案するようにしよう」と安易な計画を立ててしまい根本解決に至らず、また同じ問題が発生してしまうのです。

本来であれば、「提案件数が増えなかったのはなぜか？」と発生原因を考え抜かないといけません。問題を掘り下げて、問題を起こしている根っこを見つけて一気に抜くのが、その字のとおり根本解決です。

現在を飛ばして未来へと急いでしまうと、問題を掘り下げることができないので、先に過去を振り返るのです。

優秀なリーダーは現状把握をして、過去にさかのぼります。問題が発生したらなぜ起きたのかをメンバーと掘り下げます。うまくいったときでもその成功の理由を掘り下げます。1回だけ掘り下げるのでは、まだ表面的な可能性があるのでさらに掘り下げていく。「3回ぐらいだったら掘り下げてもあまり相手は問い詰められている感じはしない」と優秀なリーダーが言っていました。できれば、1回2回ぐらい「それが起きたのはなぜだろうか？」と対話しながら一緒に考えていきます。発生原因を一緒に辿っていくのです。

問題を引き起こした原因（根っこ）が見えたら、それを抜くディスカッションをします。できれば自分たちでコントロールできることの中で発生原因と対処法を探っていくと、その後のアクションにつなげやすくなります。これが未来に向けた根本解決の対話法です。

ドイツを統一した初代宰相に就任したビスマルクは、「愚者は経験に学び、賢者は歴史に学ぶ」と語りました。賢者は過去の他人の失敗から学び、同じ失敗をしないようにするというのです。これは仕事も同じです。成果が出にくい人は自分の経験や感覚を拠り所にしてしまいます。

まず現状を確認し、過去の事例や過去の歴史を紐解き、過去に対する振り返りによって発生原因を突き止めます。その後に、メンバーを巻き込みながら一緒に未来の根本解決を話し合うのが、**優秀なリーダーが実践する「共創ディスカッション」です。**

「自分の頭で考える」とはどういうことか？

私は大学を卒業して通信会社に就職し、入社1年目は言われたことだけを実行することしか頭にありませんでした。指示された商材を売るために、教わった通りパンフレットを持って、決まり切ったセールストークで販売をしていました。入社2年目となって、営業成績が伸び悩んでいたときにリーダーから「自分の頭で考えなさい」とはじめて言われて、思考停止に陥っていたことを認識しました。「自分の頭で考える」とは、多面的な視点に立ち、問いを投げかけることであるとそのとき知ったのです。

たとえば、「ＡＩが人間の能力を飛躍的に上回るシンギュラリティ（人間の能力を上回る技術的特異点）が２０４５年に起きる」というニュースを耳にしたとします。このときに「大変だ！」と流されてしまうのではなく、ＡＩとはそもそも何なのか、ＡＩが発達すると誰が得するのか、ＡＩが発達するとどのような業種が衰退するのか、と思いを巡らせます。

自分の立場から物事を見るのではなく、様々な視点で問いを投げかけてみることで全体像を把握でき、自身の見解に深みが出ます。

できる社員もいつもうまくいっているわけではありません。全員が失敗を経験していいます。しかし彼らが成果で違いを見せるのは、失敗から「学び」を得て次の行動に活かすことができるからです。

営業成績が伸び悩んだ入社2年目の私は、パイプライン（潜在顧客リスト）を増やそうと、ひたすら訪問と提案の件数を増やしていきました。「営業は足で稼ぐんだ」と先輩から教えてもらったこともあり、時には飛び込み営業をして努力と根性で活動量を増やしていきました。受注したときは大騒ぎし、失注したときは落ち込んで同期入社の仲間と慰め合う日々でした。

できる社員は、様々な視点をもって思考と行動を変えて安定した成果を出していきます。たとえば、訪問件数の増加に注力するのではなく、むしろ訪問件数を減らして「ターゲット選定」という別の行動実験を入れて、成約率に変化がないか確認します。また、顧客が長期志向なのか短期志向なのかをヒアリングによって聞き出し、それに合った解決策を提示するといった「質の改善」も試みます。

訪問件数、ターゲット選定、顧客に合った提案といった様々な「問い」を立てて、各要素のメリット・デメリットを理解しながら行動実験を繰り返すことで成功するパターンを作り上げていったのです。

多面的に考えることで、メリットとデメリット、賛成と反対といった両方の立場か

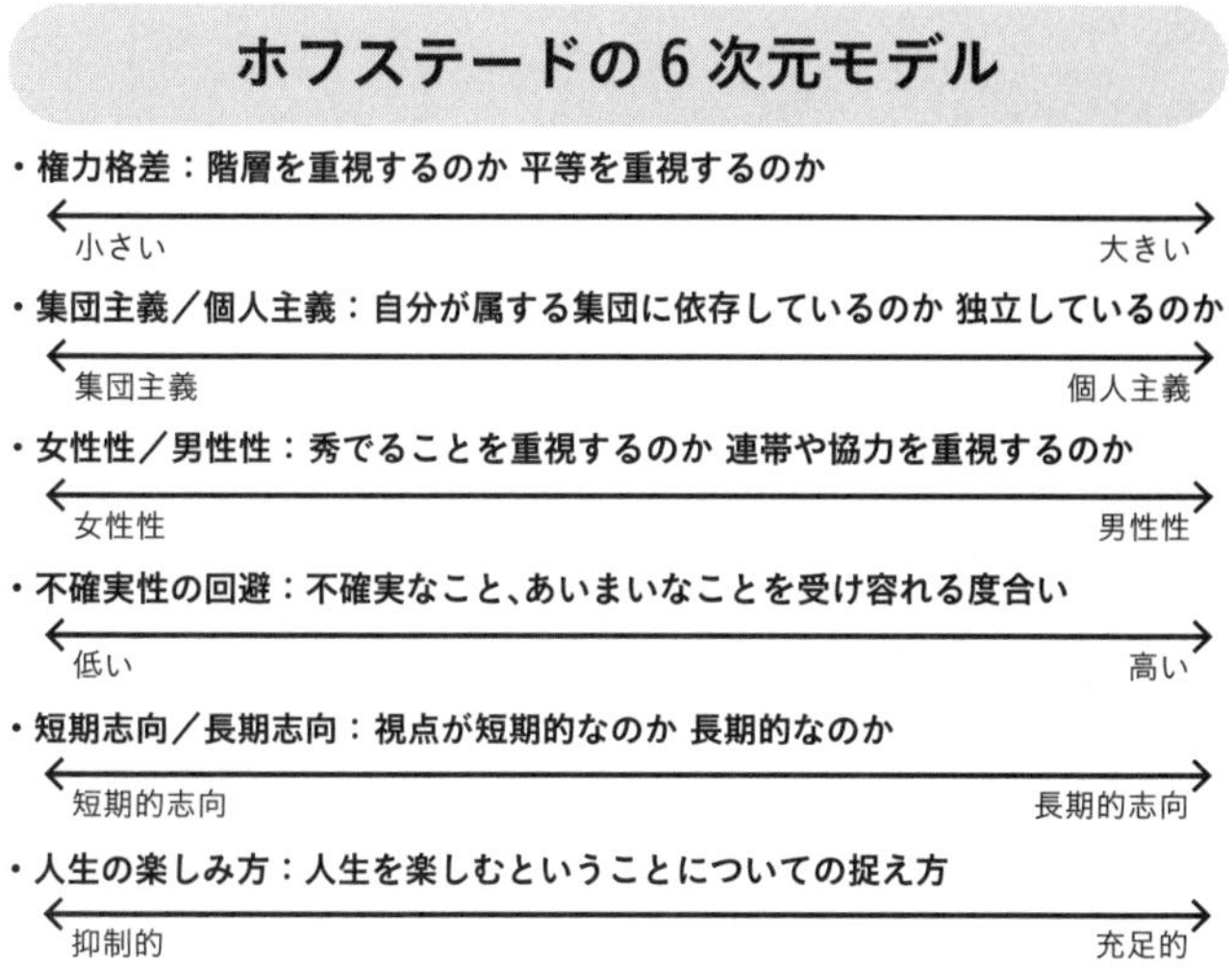

ホフステードの6次元モデル

・権力格差：階層を重視するのか 平等を重視するのか

小さい ←→ 大きい

・集団主義／個人主義：自分が属する集団に依存しているのか 独立しているのか

集団主義 ←→ 個人主義

・女性性／男性性：秀でることを重視するのか 連帯や協力を重視するのか

女性性 ←→ 男性性

・不確実性の回避：不確実なこと、あいまいなことを受け容れる度合い

低い ←→ 高い

・短期志向／長期志向：視点が短期的なのか 長期的なのか

短期的志向 ←→ 長期的志向

・人生の楽しみ方：人生を楽しむということについての捉え方

抑制的 ←→ 充足的

図14

ら物事を捉えることになり、1点勝負の博打とは違いリスクを分散できます。

たとえば、他国籍の人とディスカッションをする場合、相手の国民性、立場、主義、嗜好を理解しながら進めると、相手の視点で考えることができます。先ほどの営業活動の改善と同じように、様々な角度で多様な要素を深く考えることで、偏った考えを打破できるのです。

各国の文化を捉える際には、「ホフステードの6次元モデル」が用いられます。このモデルは、オランダの社会心理学者であるヘールト・ホフステード博士が、50年間以上の調査によって導き出した異文化理解の指標です。６つのあいまいな指標で比較し、各国の多様性を理解することを目的にしています。

このモデルを元にして、交渉相手の特徴を理解して対話をスムーズに進めたり、海外進出の市場調査に活用したりすることで、バイアスや憶測から離れて事実を見つめることができます。

「ホフステードの６次元モデル」は国民性を理解することに特化したものですが、この考えは多くのビジネスシーンで活用できます。あいまいな要素ほど指標化して、様々な角度で事象を見つめると、多様な行動実験を進めることで、成功に近づくことができます。

論理で考えて バイアスを取り去る

できる社員は**検索先を1つではなく複数にして情報の信憑性を高めます。**新聞記事だけではなく海外の論文を確認したり、人づての情報は総務省の統計データと比較して真偽を確認します。

そして、確証バイアスにかからないように反対意見の論拠も調べて、仮説の理論武装をします。

思考と感情を分離させて冷静に物事を把握するためには、**事実やデータを元にして事象を把握します。結論と根拠に分けて、その論理的なつながりを理解します。**こうすることでバイアスや感情による憶測を否定し、落ち着いて真実を捉えることができます。論理的に事象で捉えることにより、筋の通った説明ができるようにもなります。課題解決をするケースでも、発生原因の特定や解決策の発案に役立つでしょう。

たとえば、以下の例題について考えてみましょう。

(例題)
マスカットを栽培している農家は儲かっている。

(事象) 2つの農作物生産者の比較
1房(ふさ)4000円の山梨産シャインマスカットと1本80円の山形産きゅうりが八百屋で売られているのを見て、「マスカット農家は儲かっていいな」という感想をもった。

(因果関係) 価格と利益
「儲かる」の定義を「利益率が高い」とします。そして4000円のマスカットと80円のきゅうりを相対比較することにします。
提供価格と利益率は必ずしも一致するわけではありません。また、単価が高い農作物は、単価が低いものよりも利益率が高くなるという因果関係はありません。

(真相) きゅうり農家のほうが儲かっています

官公庁が公表している農業経営指標を参照すると農家の所得率、つまり利益率がわかります。長野県が２０１７年に発表した統計データでは、１ａ（１００平方メートル）におけるシャインマスカットの所得率は39％となっています。

一方、山形県が公表している農業経営指標を見ると、１ａあたりのきゅうりの所得率は57％を超えています。

つまり、きゅうり農家のほうが利益率が高く儲かっています。

見た目の大きさや鮮やかさで優劣をつけてしまうのは、ヒーロー効果（１つの要素が相対的に高いとほかの要素も高いと考えてしまう）や確証バイアス（単価が高い＝儲けやすいと決めつけてしまう）によるものです。

しかし、価格や利益率、生産地、生産量などの実証データを並べて、それぞれの因果関係を確認することで、真相が見えてきます。

「農林水産省の統計データを参照して比較すると」と、権威のある引用元を明示するだけでも、論理の裏付けが強まり、相手から信頼を得ることができます。

自分は必ずバイアスをもっているとメタ認知したうえで、事実を定量的に集め、それぞれの要素の因果関係をつかむことで、憶測から離れて論理的見解を導くことができます。

コンビニのドーナツ戦略の失敗を考察してみる

それではこれまで述べてきた思考法でコンビニのドーナツ戦略を考察してみたいと思います。

まず、デザイン思考でコンビニを見つめると、壮大な行動実験を継続的におこなっていることに気づきます。過去20年間で店舗数を増やしながら、毎週火曜日に新商品を陳列しており、最も身近にイノベーションを体感できる場所の1つです。

さて、2007年から2013年に大手コンビニチェーン各社がレジ横にコーヒーマシンを設置して１００円代の挽き立てコーヒーを提供しました。スターバックスコーヒーといった高価格帯のカフェに対抗してマクドナルドが１００円コーヒーを発売し、その後にコンビニが安価なコーヒーを発売したことでヒット商品となりました。

コンビニ最大手のセブン-イレブンでは一流デザイナーの佐藤可士和さんがコーヒーメーカーをデザインして、自分でコーヒーを作るということ自体を「オシャレなライフタイル」に転換しました。

「朝、コンビニに寄ってコーヒーを作っている。気持ちよく1日のスタートを切れるな！」

こうした体験が１００円代で実現できるのですから、多くの人が押し寄せたのは不思議ではありません。

さらにコンビニ各社は、顧客単価を上げるためにドーナツ販売の攻勢をかけました。レジの近くでドーナツを陳列して、コーヒーと一緒にドーナツを買ってもらおうとしたのです。ドーナツ販売の大手であるミスタードーナツに似た種類のものを少しクオリティを下げて安価で販売したのです。

コンビニ各社は売上をあげ続ける使命をもっています。売上をあげるためには新規顧客を増やすか、既存顧客が支払ってくれる額（顧客単価）を増やすかのどちらかもしくは両方を狙うしかありません。そこで顧客単価のアップのために企画されたのがコーヒーと一緒に買ってもらい単価を上げるためのドーナツでした。

ある大手コンビニは、10～20代の若年層に、お菓子を主食としている人がいることに着目します。また、米国では食事の代わりにお菓子を食べている人が増えているといった調査データも確認したそうです。そこで、食事としてのドーナツを販売できないかと考えたのです。

「コンビニが日本人の食文化を変えるなんて無理」と思うかもしれません。しかし、ここ50年間でおにぎりや肉まんをファストフードとして普及させ、唐揚をスナックのように食べる食文化を作ったのはコンビニです。

そこで、ドーナツを主食にする挑戦を仕掛けてきたという仮説を私はもっていました。しかし、結果として朝食や昼食をコンビニのドーナツで済ませている人はほとんど生まれませんでした。次々にイノベーションを起こしてきたコンビニのドーナツ販売戦略で失敗したのはなぜでしょうか？

ユーザーに共感するところから始まるのがデザイン思考の特徴です。当事者意識をもってユーザーと同じ視座で共感を探るのです。

しかしながら、コンビニのドーナツ戦略はこの当事者意識が抜けて、評論家として事象を見つめていたのではないかと私は思います。「さすがにドーナツは毎日食べるものではない」というユーザー観点をもつことができなかったと思うのです。私は甘いものが大好きですが、毎日ドーナツを食べたいとは思いません。もし私が甘いものしか食べない偏食家であったなら、チョコレートやクッキーなどを日替わりで食べるだろうと個人的に予測します。

糖質と脂質の多いドーナツは満足感や高揚感を得ることができて中毒性が高い食べ物です。しかし、よく食べる人もせいぜい週に1〜2回ぐらいでしょう。週に何度か食べるほどドーナツが好きなら、ミスタードーナツやクリスピー・クリーム・ドーナツなどの専門店に通うのではないでしょうか。甘いもの好きの私でもコンビニで毎日ドーナツを買うことはないと共感できます。

「食事としてドーナツを毎日食べるのではないか」という仮説を立てたときに当事者意識をもてるかどうかがポイントです。ほんとうに自分だったらそういう行動をするかを思考することができたかどうか。顧客に新たな体験を提供していくのであれば、まず自分が体験して、ユーザー共感を作らないといけないと思います。マズローの欲求5段階説、ゲンカミ法、ホフステードの6次元モデル、論理的思考を駆使してユーザーに共感されるインサイトを導き出すことができなかったのだと思うのです。

もし、ハイポ思考で「毎日ドーナツを食べる習慣になる」という仮説を立てたのであれば、デザイン思考の第4ステップ「プロトタイピング」で期間限定トライアルをしながら計画を修正していくことができたのではないでしょうか。

ここではコンビニのドーナツ戦略の失敗例をご紹介しましたが、皆さんの周りに起きていることを考察することで思考を鍛えることができます。

「バリュー・プロポジション・キャンバス（VPC）」で相手視点で考えてみる

ではどうやってユーザーの立場で考えられるのか？　それを実現するツールとして「バリュー・プロポジション・キャンバス」というフレームワークをご紹介します。

ソリューションとイノベーションの違いを155ページで解説しました。消費者が機能や価格だけを重視して製品を購入することはなくなりつつあり、だから各企業はイノベーションを探しています。またソリューションを提供しようとしても顧客が課題に気づいていないこともあります。これは社内の業務改革でも同様です。不満だけを取り除けばOKではなく、嬉しさや楽しさなどのプラス感情を抱かないと、今とは違った行動を取らない傾向にあります。

「相手が課題を理解していない」「不満を取るだけでなく嬉しさを増す」。こうした状況を打開するために、ユーザー起点で課題を検討する「バリュー・プロポジション・キャンバス」をご紹介します。

「バリュープロポジション」とは、「顧客に提供する価値」のことです。

顧客からの視点では、自分にとって価値があると認めるからこそ、製品やサービスを購入します。製品の価格やスペックを見比べる前に、「自分に対する価値」を考えるわけです。

「バリュー・プロポジション・キャンバス（ＶＰＣ：Value Proposition Canvas）とは、顧客視点でニーズを把握し、自身が提供したい製品やサービスの価値とのギャップを確認するためのフレームワークです。建築家であり科学者でもあるアレックス・オスターワルダーらによって開発されたフレームワークで、顧客起点で価値を提供するための整理法として、様々なビジネスシーンで活用されています。

製品やサービスの提供者は、顧客の立場になって「嫌なこと」「嬉しいこと」「ほんとうはやりたいこと」の３つを整理して、それらに自分たちが価値（バリュープロポジション）を提供できるかを検証することができます。

図15のバリュー・プロポジション・キャンバスは、まずユーザー側の円（ニーズ）を見るところから始まり、そのうえで自分たちの解決策がフィットするかどうかを見ます。

たとえば、兵庫県神戸市にITサービスによるイノベーションを提案する場合、サービスの仕様や機能を考える前に、神戸市の「嫌で減らしたいこと」「良いこと・嬉しいこと」「したいと思っていること」を埋めます。ユーザー視点に近づくという意味では当事者に事前ヒアリングすることがベストです。もしヒアリングの機会がなければ調査を元にした「仮説」を入れます。さらにチャンスがあれば、このキャンバスを提案先である神戸市に提案前に見せて意見をもらっておくのがよいでしょう。提案する前に意見をもらうことをフィードフォワードと呼びます。このフィードフォワードができれば、認識のずれを補正することができ、成約率も上がります。

前段のコンビニ・ドーナツの件も、このフレームワークを使っていれば、より顧客

バリュー・プロポジション・キャンバス

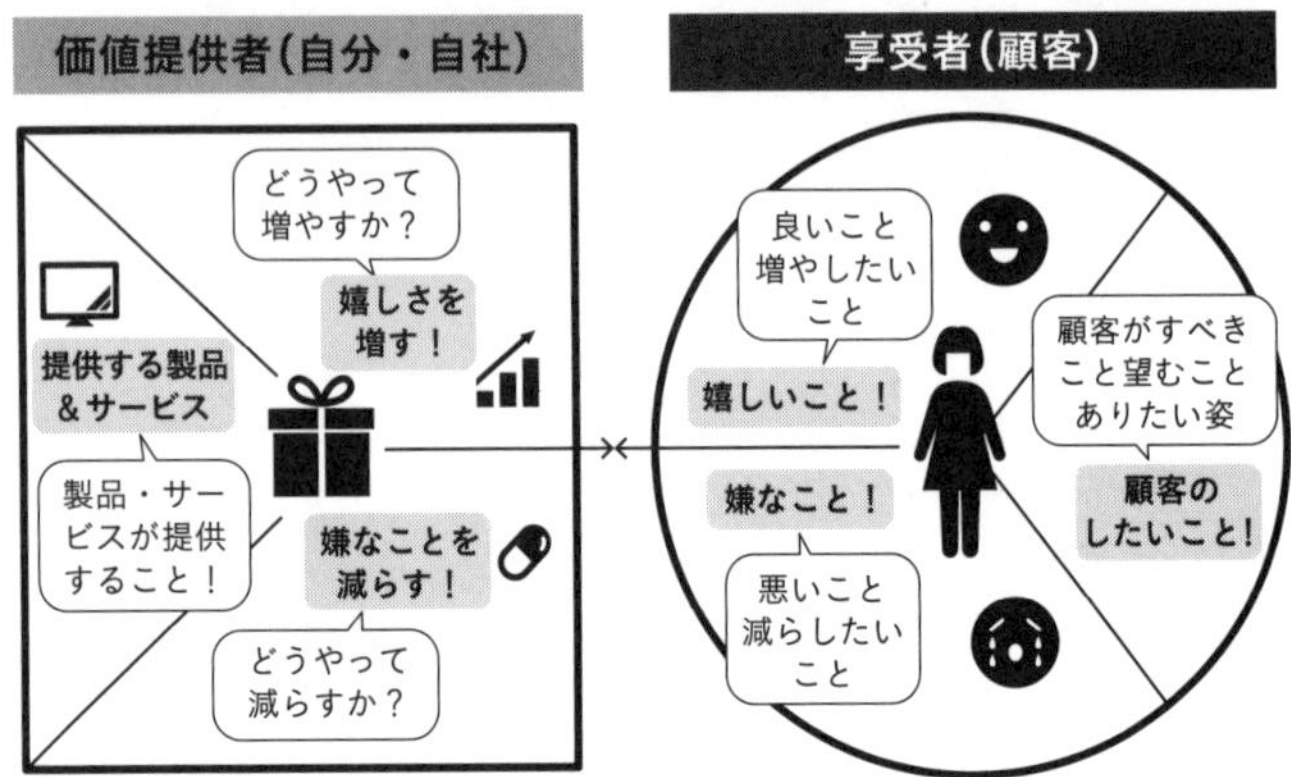

出典：http ://www.businessmodelgeneration.com/canvas/vpc

アウトプットフレーム 記入例　顧客視点で価値を提供するという視点をもつ

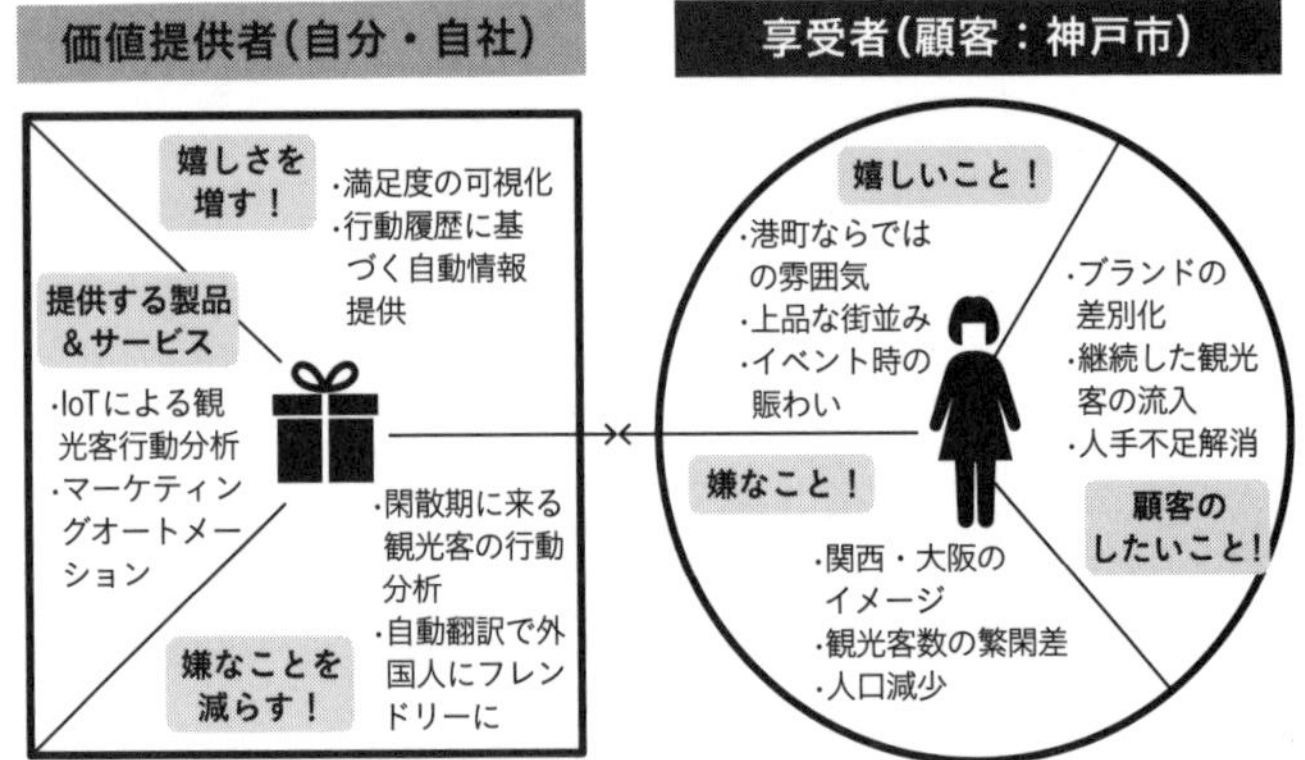

図 15

視点で考察することができたでしょう。

社内の抵抗勢力を説得して折り合いをつけるのも、このフレームワークが活用できます。ある流通業のできる社員は、新たな休暇制度に反対する人事部長を説得するために、この「バリュー・プロポジション・キャンバス」を使って人事部長が「したいこと」をつかみ、それに合わせて修正したことによって承諾を取り付けました。

マイクロソフトのエグゼクティブ思考トレーニング

私が11年間在籍したマイクロソフトでは、様々なトレーニングを受けました。そのほとんどが各地域でおこなわれる研修で、専門家が職場に来て業務に役立つ思考法やプレゼンスキルなどを教えてくれます。

私は2016年に米国本社でおこなわれる役員向けのトレーニングに招待され、1週間にわたり各国のエリートたちと切磋琢磨しました。

そのトレーニングのなかで最も印象深かったのは「ヘルス・エクセレンス」という健康面に特化したプログラムです。脳内ホルモンのメカニズム、マインドフルネスによる自律神経の整え方、酸素と血糖値が体調に与える影響など様々な分野の「健康」を学びました。これはビジネス・アスリートの養成プログラムで「体調を壊さずに、猛烈に働けよ！」という意味ではないかと少し恐怖も感じました。

しかし、このトレーニングのおかげで体調と生産性の関係性を理解することができて、帰国直後から行動を変えていきました。「疲れ」と上手に付き合えるようになり、肉体的にも精神的にも安定しやすくなりました。その後、成果を出しやすくなり、結果的に役員になることができたのでトレーニングの効果は高かったと感じます。

「ヘルス・エクセレンス」プログラムのなかで、私の思考法に最も強く影響を与えたのは「脳のパフォーマンスを最大化する時間術」でした。

脳は大きく大脳、脳幹、小脳の３つに分かれており、全体の約８割を占めるのが大脳です。大脳は、思考と行動をコントロールする「前頭葉」、感覚や知覚を司る「頭頂葉」、聴覚や記憶を司る「側頭葉」、視覚を司る「後頭葉」の４つのパーツで構成されています。

人間とほかの動物を比べると、大きく異なるのが前頭葉の前にある「前頭前野」の割合で、動物のなかで最も「前頭前野」が大きいとされるチンパンジーの3倍以上あるそうです。

この「前頭前野」は、考える・記憶する・感情をコントロールする・判断するなど、人間にとって重要な働きを担っており、この働きをうまく使うことで仕事の作業効率を高めることができると学びました。

「前頭前野」は、仕事で集中力が必要なときに働く、「ワーキングメモリ（作業記憶）」の機能をもっており、有限のメモリーを使いこなすことで、仕事に集中してパフォーマンスを高めることができることをはじめて知りました。

この「前頭前野」の特性を理解して、作業時間を切り分けるよう指導を受けました。「前頭前野」は、複雑な情報を扱うと負荷がかかってパフォーマンスが弱まり、メモリー容量を圧迫します。だからこそ、深く考えるのは午前中がよいわけです。

したがって、論理的思考やデザイン思考など、考え抜く必要があるブレスト会議は午前中の早めに開催し、睡眠から完全に覚醒し、通勤ラッシュの疲れを回復した午前

脳の疲れ方で会議時間を設定する

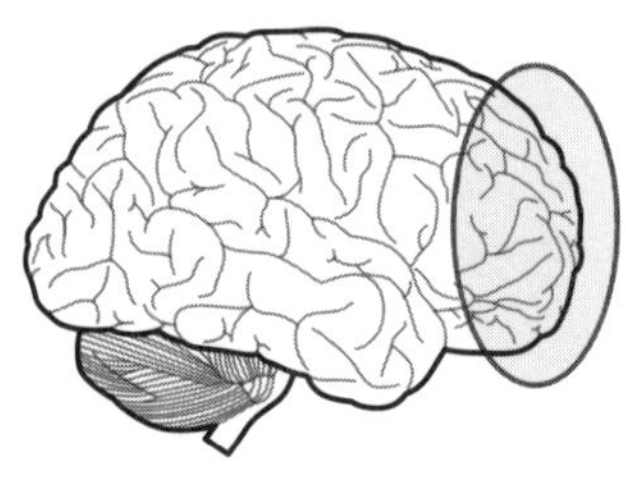

図16

10時が最適な時間であることを理解しました。確かに、米国本社の役員会議は午前10時から11時に開催されることが多く、理にかなっていると感じました。

一方、脳が疲れるとほかの脳機能が活性化する傾向もあるそうです。「前頭前野」は朝起きてから9～10時間で疲れ始めて機能が低下していきます。一方で、感覚を司る「頭頂葉」は「前頭前野」が疲れ始めてから機能が高まります。つまり、朝7時に起床する人は夕方の16時前後に「前頭前野」が疲れ始め、「頭頂葉」が活性化します。「頭頂葉」を使って創造的なアイディアを出すなら16時以降がよいということです。こうした脳の特性を理解すれば、じっくり考える会議は11時、ブレストのように企画を練る会議は16時におこなうことで脳のパフォーマンスを高めることができます。（図16）

また、脳のパフォーマンスは1日13時間がリミットであることも教えてもらいました。起床してから13時間ほど経過すると、脳の機能は急激に低下するそうです。よって6時起床であれば19時、7時起床であれば20時がリミットとなり、それ以降は脳が働かないと理解しておいたほうがタイパ（タイムパフォーマンス＝時間生産性）を上げることができます。

脳の働きを理解して、集中すべき仕事、難しい案件、重要な意思決定など脳への負荷が大きいものは午前中におこない、19時以降の残業はパフォーマンスが下がると理解しておいたほうがよいでしょう。

自己効力感を高める仕組み

できる社員は、ローリスク・ローリターンで失敗確率を下げながら行動を変えています。こうした行動変容がほかの人との〝差〟を生み出します。

できる社員は、突出した成果を出しているのに謙虚で、自信に満ち溢れた感じではありません。少し不安を抱えていそうな様子で、「不安」があるからこそ、しっかりと準備します。

不安を感じていると、最初の一歩、つまり初動が遅くなるのではないかと私は思ったのですが、できる社員は習慣の仕組み化で「初動を早めて行動を継続すること」を実践していました。

たとえば、自分のやる気に頼らず仕事スイッチを入れるように仕組み化していました。とくに在宅勤務では、ついつい気が緩みがち。部屋にベッドと仕事机が併設されていたら、オンとオフの切り替えが難しく、ダラダラと仕事をしてしまうこともあるでしょう。

そこで、できる社員は、自動的に仕事スイッチがオンになる仕組みを作って、一連の動作を無意識におこなうことができるようにしていました。たとえば観葉植物に水をあげた後には必ず手帳を広げたり、コーヒーを飲み終えたらパソコンの電源を入れたりといった感じです。毎回ある決まった行動をしたら仕事をする、と習慣にしていたのです。

普段おこなっている行動に「仕事のスイッチをONにする」という新たな行動を組み合わせることによって新たなルーティンを作ることができると、南カリフォルニア大学W・ウッド教授も指摘しています。コーヒーを飲むというういつもの行動に、パソコンの電源を入れるという新たな行動を追加すると、一連の動作が習慣となりやすいことは、2万1千人の行動実験でも実証されました。

さらにできる社員が〝差〟を作っていたのが「朝活」でした。

朝の時間に自己効力感を高めようと考えていたのです。自己効力感とは、自分ができることを発見して落ち着くことです。自分はすごいと自己肯定するのではなく、少しはできるようになったとちょっとした能力向上を認めることです。

たとえば、朝起きたら布団を畳むというのは、自己効力感を高めます。米国海軍では階級が高い人ほど朝一番でシーツを整えて布団を畳むそうです。5分ほどでシーツのシワを伸ばしたり、布団を畳んだりするそうです。寝起きはテンションが低く思い通りに身体が動きません。ベッドメイキングは、できればほかの人にやってもらいたい作業です。しかし、そんな作業をやり終えたということで、自己効力感が高まるそうです。

ほかにもトイレ掃除など、人が嫌がることを習慣にできていることを認めることが大切です。

このように、ちょっとした習慣、ちょっとした自信を積み重ねていくと、仕事において自己否定しないようになります。「私なんてどうせ役に立っていないんだ」「どうせ戦力だと思われていないんだ」と自己否定に走ってしまうと一人で悩み、行動が止まります。

ちょっとした自信を積み重ねるためには、ほかの人が普段やらないこと、嫌がることをすることがポイントだそうです。脳がフレッシュな朝の時間に活動をすることで脳の力をフル活用できるだけでなく、「ほかの人が寝ている間に私は活動している」と意識することで自己効力感が高まります。「朝活によって前向きに仕事に取り組むことができる」と、できる社員が話してくれました。

Column

批判的思考で「ビデオをONにしない若手」を掘り下げてみる

第2章では、できる社員が、既存の常識を非常識ではないかと疑って、本質を見抜こうとする「批判的思考（クリティカル・シンキング）」をしていると述べました。

コロナ禍でリモートワークが浸透してZoomやTeamsなどのオンライン会議サービスが急速に浸透しました。わざわざ出社する必要もなく、会議室を予約する必要もなく、簡単に会議を設定できるようになったために、1週間で費やす会議時間が増えているのが現状です。2022年3月、クロスリバーが対象17万3千人に1週間の労働時間における社内会議に占める割合を調査したところ、2019年3月は43％であったのですが、2022年3月は45％と2ポイント増加していました。

会議時間が増えただけでなく、うまくコミュニケーションが取れないと悩む管理職が増えました。その1つが「メンバーがビデオをONにしてくれない問題」です。メンバーの体調や仕事状況を確認したいと思う管理職は67％います。また「リモートワークだと部下がさぼってしまう」と疑う管理職は87％います。

こうしたなかで、とくに20代の若手社員がビデオをONにしてくれないという問題を解決したいと考えていたある製造業のできる社員は、批判的思考で「ビデオをONにするのが当たり前」という社内常識を疑ってみました。

まず「ビデオをONにさせたい管理職」の主張をヒアリングしたそうです。すると「ビデオを出さないのは失礼だ」「社会人経験が浅いから常識がない」「リーダーや先輩を軽んじている」といった感情的な意見が集まりました。

そこで、このできる社員は他社の状況を確認すべく、私に質問してきました。私は、「1万9千人の調査では、ビデオをONにする人は21％しかいない」「ビデオをONにしないのは40代・50代の一般社員が最も多い」「地方より都市部に勤務する人のほうがビデオをONにする人は少ない」という調査データ、つまり事実を共有しました。

このデータにより、管理職の「社会人経験が浅い＝ビデオをＯＮにしない」という仮説は崩れました。仮説の否定によって真相を理解できたのです。

そこで、当事者である若手社員に匿名調査をしました。すると多く出てきたのは「恥ずかしい」「隠したい」という言葉でした。さらに掘り下げると、素の顔を晒すのが「恥ずかしい」のではなく、家の中が見えるのが「恥ずかしい」ということにたどり着きました。

地方から出てきた新人の多くは都市部のワンルームに住んでいました。収入が低いため、狭いワンルームマンションにベッドと仕事机が置かれ、洗濯物も狭い室内に干さざるを得ず、そうした生活感が見えるのが「恥ずかしい」というのです。洗濯物を干しているような部屋を見せることが失礼であると考えていたようです。ヒアリングでは「ほんとうはビデオをＯＮにして先輩やリーダーとの距離感を縮めたい」という若手社員もいたほどです。

部屋の様子がビデオに映るのが嫌であれば、バーチャル仮想背景を設定して任意の画像に置き換えればよいのではと思ったのですが、実はここに発生原因があったのです。会社から支給されたパソコンやスマートフォンはスペックが低くバーチャル背景を設定できなかったり、部屋にインターネット回線を引いておらずスマホのテザリング（インターネット接続）を使っているため、バーチャル背景を設定できない若手社員が多くいることがわかりました。

こうして批判的思考で発生原因にたどり着いたできる社員は、総務部とシステム部に状況を説明し、若手社員にＷｉＦｉルーターを配布することで結果として８割以上の若手社員がビデオをＯＮにするようになりました。

「〜すべき」「常識的に考えれば〜」といった固定観念や感情に囚われると真相が見えなくなります。物事を無批判で受け入れるのではなく、多様な角度から検討して検証を進めれば、問題の発生原因が見えてきます。

第5章

ジョブ型評価の世界で成果を出し続けるために

セルフDCAを回す

思考法とその実践法を身に付ければ、いわゆるＰＤＣＡは必要なく、ひたすら行動とチェックを繰り返すことができます。深く考えずにやみくもにプランに時間をかけても成功確率は上がりません。39社の行動実験で、備えれば備えるほど行動しなくなる傾向があることがわかっています。

正しい思考をもっていれば正しい仮説を立てることができるので、Ｐにかける時間は最小限に済みます。Ｐに時間をかけるよりも、迅速に行動（Ｄ）に移し、チェック（Ｃ）と修正（Ａ）のサイクルを早く回すことで、成功に近づくことができます。

ＰＤＣＡのＣとＡを強化するうえで、デザイン思考の4番目のステップである「プロトタイピング」を意識することが大切です。

まず試しにやってみて、良ければ続けて、悪ければ修正するか諦める。このシンプルなルールで行動実験を繰り返します。

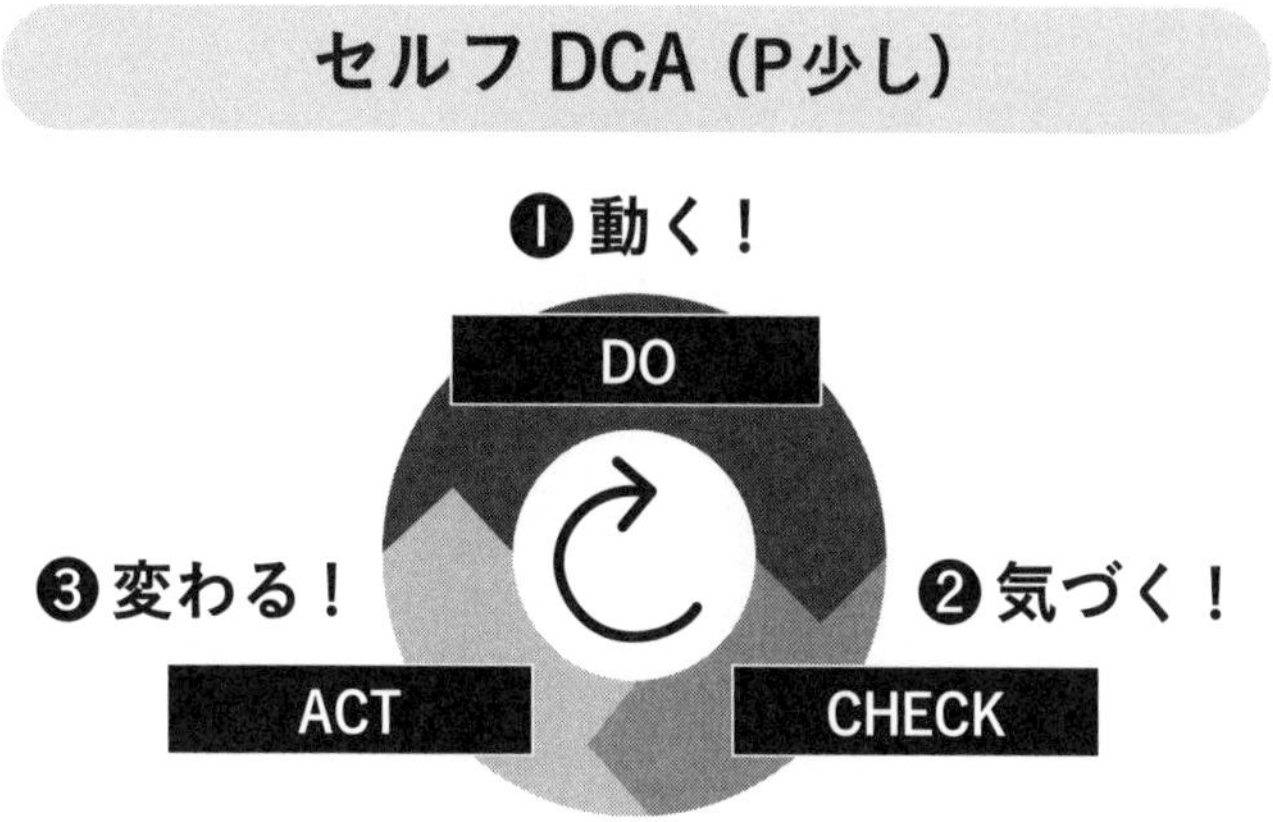

セルフDCA（P少し）

図17

この行動実験は成功を目指すのではなくて、実験すること自体を目的とし、必ずチェックポイントを設けて修正点を見出します。修正すべき点がわかれば、次の行動に活かすことができ、成功に近づいていきます。

繰り返しになりますが、散歩していたら富士山の頂上に着くことはありません。登頂の途中で自分の位置を確認し、間違ったルートであれば引き返し、正しいルートであればそのまま進むのです。そして、チェックポイントを設けたときに、駄目だったらやめるという選択肢を設けることが大切です。やめるという選択肢が事前に用意されていれば気軽に挑戦しやすくなります。

変化が激しく不確実な時代では何も行動しないことは退化を意味します。周りが進化して自分が取り残されれば相対的な退化です。ですから行動量が重要です。できる限りPを小さくしてDCAを自らが回していきましょう。これをセルフDCAと呼びます。（図17）

このサイクルをより多く回していくことで、進化が加速します。本書で身に付けた思考法＋実践法を知って終わりでは進化しません。まず動いてやってみるのです。デザイン思考で相手を主体に考えてみたり、時間制限を設けてGoogle検索したりすることで、変化が起きます。効果がなかったらやめればいいですし、効果を実感できたら継続すればいいのです。こうして行動に移すことで個別最適化ができて、「自分に効果のある考動法」を確立できます。

成果は見せていくもの

主として日本企業が採用してきた「プロセス重視のメンバーシップ型」雇用をこのまま継続することは困難だと考えます。職責を明確にして成果を評価する「ジョブ型」雇用が広がっていくでしょう。労働時間ではなく労働によって生み出した成果、時間と場所に関わらず達成したことが評価される流れが加速していきます。思考停止して、ただひたすら作業をして努力をアピールしても評価されなくなっていくのです。

ジョブ型雇用の評価では、年間の行動目標（コミットメント）を定量的に設定し、その進捗と達成度をリーダーが評価します。リーダーとメンバーの対話（１ｏｎ１ミーティング）を通じて、個人とチームの年間目標を達成するために、どのような行動目標を立てるべきか話し合い合意します。基本的に、行動目標をどう達成するかは各個人に委ねますので、リーダーは進捗が不安になって「今どうなっているんだ？」と頻繁に声を掛けるなど細かいチェック（マイクロマネジメント）になってしまうことが多いです。共有会議が多く設定され、分厚い報告書を求められます。これでは報告に時間を取られて、本来の業務に時間を割くことができず目標を達成することが難しくなります。行動目標が未達であれば年間目標も達成しづらいので、リーダーにとってもメンバーにとってもマイクロマネジメントは避けたいものです。

そこで、リーダーと行動目標を決めたら、その進捗を自分から見せていくことを強くお勧めします。自分の行動目標とその進捗を見せていくことで、「リモートワークでさぼっているのではないか？」とあらぬ疑惑からは逃れることができます。リーダーから細かいチェックを受けなくて済むので、邪魔されず生産性が上がります。「今週の進捗30％ですので、今日はこの作業を続けます」「進捗70％ですので、この資料は2日早く仕上げます」とビジネスチャットなどを使ってチーム内で見せていくのです。

こうして発信することで宣言効果を使うこともできます。「宣言したからには、やらないと恥ずかしい」と意識すると初動が早まります。また、メンバーから反応があればモチベーションアップにもつながります。メンバーからの反応が乏しくなり、孤立化しやすくなってしまうリモートワークだからこそ、他者の反応がわかるような仕組み作りが必要です。とくに女性やエンジニア、若手社員は承認欲求が強いので効果的です。

宣言する→認められる→邪魔されずに仕事を進める→認められる、と「見せる化と承認のサイクル」を回すことによって、行動が強化されていきます。

目標と進捗の見せる化を実行するなど、行動を変えたことによって何らかのメリットを感じることができれば習慣になっていきます。新たな行動にメリットもデメリットも感じなければ、その行動が定着することはありません。正しい行動を定着させるには、メリットが生じるような工夫が大切です。

チーム内で「見せる化」が浸透してくると、フィードバックを「与える」そして「受ける」という行為が定着してきます。違う視点をもつチームメンバーからフィードバックをもらうことで、自分をメタ認知でき、行動修正のきっかけとなります。

フィードバックする側にもメリットがあります。相手が受け入れやすいように批判で終わらず改善策を伝えたり、良い点を先に伝えてから改善点を指摘することで、相手は聴く耳をもつようになります。

受ける側も、フィードバックは「極上のプレゼントである」と認識すれば、このフィードバックを伝え合う文化を浸透して、チーム力がアップします。

働き方改革に成功している12％の企業で、このようなフィードバック文化が根付いている企業が大半です。社員と会社が継続的に成長するためにフィードバック文化を浸透させましょう。

自分からいきなりフィードバックを与えるよりも、自分からフィードバックを求めることのほうがハードルは低いと思います。フィードバックを求めて、フィードバックをくれた人に感謝しましょう。こうした触発し合う関係性があれば、出社してもリモートワークであっても成果を出し続けるチームに近づくことができます。

レジリエンスでストレスとうまく付き合う

成果を見せる化して、周囲を巻き込みながら評価を上げてください。しかし、リーダーやチームメンバーとの人間関係がうまくいかず、ストレスを溜めてしまうこともあるでしょう。たとえば依頼を承諾したのに期日通りに相手がやってくれなかったり、同僚にライバル視されて協力を得られなかったりしたら気持ちが落ち込んでしまうこともあるでしょう。

さらに、テクノロジーの進化でさらなるストレスがのしかかります。私が調べた限りでは、2025年から2030年には急激な変化が起きると予測されています。車は空を飛び交い、センサーは血管に入り、インターネットにつながる人口は2倍、つながるデバイスは20倍以上になるでしょう。これらは進化であるのですが、変化に対応できない人には予想以上のストレスが襲いかかるでしょう。

そういったストレスによってダメージを受けることがあったとしても、睡眠と休養によってリフレッシュし、元の状態に復元できればよいのです。

ダメージを受けないように回避し続けることは現実的ではありません。働くうえでストレスから完全に解放されることは難しいので、ストレスによる影響を少なくする、そしてダメージを受けたら復元するように対策をしておいたほうがよいわけです。

そのためには十分な睡眠は必須です。思考法を十分に実践するためにも、しっかり睡眠を取って脳の老廃物をクリアにする必要があります。

ストレスを受けても元の状態に復元する力をレジリエンス（Resilience）と呼びます。ゴムを伸ばして離したら自然に元の形に戻りますが、それと一緒です。

急速に変化する現代のビジネスは、成功か失敗かの二者択一ではありません。失敗・失敗・失敗の先に成功があります。ハイポ思考で仮説を立てて、デザイン思考で試行を繰り返すことで、成果にもつながります。つまり失敗しても行動を継続しないことには成果を残すことができません。この「行動継続」を支えるものがレジリエンスです。

失敗するたびに落ち込んでいては、前に進めなくなります。失敗しても落ち込まないようにするためには、ストレスを発散する習慣を身に付けたり、そもそも短期的な成功を目指さない心構えをもったりすることが必要になります。

難易度の高い仕事に取り組んだがうまくいかず、迷走して体力を消耗してしまうことがあるでしょう。そういうときは一度離れて休養したほうがよいのです。迷ったとき、うまくいかないときに、「根性」で攻略しようとしても体力を浪費するだけです。頭を使ってじっくり考え、正しい方向に力を注ぐことで浪費がなくなります。

レジリエンスは自分の身を守るうえでも大切です。

私は、働き過ぎて二度も精神疾患に苦しみました。ですから、レジリエンスを高めたいと日々研究しています。各社のできる社員は自宅や公園で「ぼーっとすること」でレジリエンスを高めていました。日中は頭をフル回転させるので、頭を使わない時間をあえて作り、オンとオフをうまく切り替えていました。車と同じようにアクセルとブレーキを使いこなすことで、安全に目的地へたどり着くことができるのです。

ぼーっとしている時間は、マインドフルネス（瞑想）と一緒で雑念や固定観念を捨てて何も考えない状態です。こうした「何も考えない時間」を計画的に作ることで、仕事をしているときは「考えながら行動すること」を徹底することができます。

相手に〝伝わる〟コミュニケーション術

思考法によって生み出したアウトプットを評価してもらうことで「自己選択権」が増えます。自分の意志で仕事や働き方、働く場所などを選べるようになるのです。評価されれば、希望していた役職に抜擢されたり、希望の部署に社内異動できたり、転職する際に複数のオファーをもらって自分で選ぶことができるようになります。

こうした「自己選択権」を獲得するために評価を得るには、アウトプットを「伝える」から「伝わる」にしないといけません。そもそもコミュニケーションの本質的な目的は「相手を思い通り動かすこと」です。伝えた後に動くのは相手ですから、相手が主役のコミュニケーションをしなくてはいけません。「伝える」は自分が主役のコミュニケーションで、伝えたいことを発信すれば目的達成です。パワポ資料に多くの文字を詰め込んだり、会議で同じ話しをずっと繰り返しているのは「伝える」コミュニケーション、つまり自己満足です。

相手を動かすためには、相手の状況を理解し、それに即した情報伝達を心掛ける必要があります。思考法を駆使してインサイトを導き出しても、それが相手に伝わらなければアウトプットしていないのと一緒です。

唐突ですが、ルー語は知っていますか？　タレントのルー大柴さんが使う英語交じりの日本語が「ルー語」と呼ばれています。一寸先はダーク、犬も歩けばスティックに当たる、一緒にトゥギャザーしよう、といったふざけた言語です。実は私、ルー大柴さんの親戚です。

「ルー語」を藪からスティックに持ち出したのは、これこそ「伝わるコミュニケーション」の神髄だと思うからです。

ルー語の特徴は、日本語で話せばいいところに英語を混ぜて面白おかしく表現する点です。使われる英単語は中学校で習うレベルのものです。難しくない単語を使っているところがポイントなのです。相手がわかる英単語を使っているので「伝わる」のです。

思考法を用いて提案書を作成しても、わからない言葉があったら伝わりません。「ドーナッツとコーヒーの売上がカニバるから設置場所を離して……」と提案しても、「カニバる」の意味が理解されなければ伝わりません。(「カニバる」とはカニバリゼーションの略で、お互い喰い合うという意味です)

相手が主役の「伝わる」コミュニケーションでは、相手が理解できない専門用語や業界用語は使わないのが鉄則です。ルー語は、英語を混ぜた後に、日本語でも説明して「わからない」をなくしています。「ロング崎、長崎で、ニュー幹線、新幹線が……」と日本語を添えるので、すべてわかるのです。

さらに、印象に残すことができるのはルー語のアドバンテージ、有利な点です。

日本語で長々と話すと飽きてしまい、しっかり聴いてくれないことがあると思います。しかし、会話のなかに1割から2割程度の英語を入れることで印象に残すことができるのです。たとえば、藪から棒の「棒」のところだけスティックに変えて、「藪からスティック」と言っています。

このように鮮明に記憶に残すことができます。相手のやる気に頼らずに、しっかり聴いてもらうには、このような工夫が必要です。

ビジネスシーンでルー語を使ってアウトプットすることはないと思いますが、結論を先にコンパクトに話すとか、数字データを織り交ぜて説得するとか、印象を残すための工夫は必要です。

たとえば、読んでもらいたいメールの件名には数字とカタカナを入れると、本文の閲覧率が高くなることが行動実験で判明しました。相手に興味をもってもらうために、チームミーティングで発表するときは結論から先に話すPREP法（結論、理由、事例、結論で話すプレゼン技法）を使うなどの行動実験をしてみてください。相手が主役であることを心掛けて「伝わるコミュニケーション」を実践してください。

あとがき
時間を生み出して成果を出し続ける

2017年から本格的に次世代テクノロジーの調査をおこない、IoTや5G、ブロックチェーンやAIなどの動向を追ってきました。2020年からの新型コロナウイルス騒動でテクノロジーの進化は停滞したのかと思いきや、むしろ加速し、2025年には我々ビジネスパーソンにも大きな影響をもたらすことがわかってきました。各種のテクノロジーが融合して「加速が加速」し、これまでに経験したことのないスピードで働き方も変わっていきます。

働き方改革で成功している組織は時短を手段と捉え、「未来に向けた挑戦」に時間を費やします。変化の激しい現代では、既存のビジネスの延長線上に成長はありません。既存のビジネスを軸足に、得意分野を少しずつずらして、得意な分野を増やしていくことが求められます。

これは個人の成長でも同じことが言えます。日々振ってくるタスクをこなすだけでは思考を停止しているのと一緒です。思考を停止してしまっては、残業続きの「残業沼」から抜け出すことはできません。批判的思考で当たり前を疑って根本解決を目指したり、ハイポ思考で仮決めしてから検証したりすることで目標達成に近づきます。しっかりした思考法を身に付けることができれば本質を理解することができます。本質がわかれば成果につながらない無駄なことが見えます。こうすることで働く時間をダイエットできます。

しかし、時短を目的にしないでください。働く時間を短くするのは手段であって目的ではありません。効率を効果も共に上げていくにはモアｗｉｔｈレスの考え方が必要です。モア＝「今より大きな成果」、レス＝「今よりも短い時間で」という意味です。時短は効率を高めるだけ。効果も高めていくことが求められます。

ですから、思考法を使って無駄な時間を見つけて削減したら、それによって生み出された時間を「より成果が出ること」に割り当ててください。つまり、モアｗｉｔｈ

レスの実現には時間の置き換えが必要なのです。たとえば、交通費精算に長々と時間を費やさずに自動化して、浮いた時間を未来に必要となる学習に充てたほうがよいのです。この考え方を理解してから行動実験をしていけば成果が出やすくなり、周囲から評価されます。

私が経営するクロスリバーでは、すべての仕事タスクにどれだけの時間がかかり、受注額に対してどれだけの時給になっているか、すべて記録を取って可視化しています。契約金額に対してどれぐらい時間をかけてよいのか、自分の能力を1時間フル稼働させたらどれくらいの稼ぎになるのか、といったことを意識することで漫然と作業することを防げます。

世界に点在するメンバーにもどのような作業にどれだけ時間をかけたかがわかるようになっています。どういった種類の作業が無駄なのかもわかるのです。

この調査分析によってわかったことは、「自分の稼ぎ」に大きなインパクトを与えるのは全体の労働時間の15%であったということです。決して残りの85%をしなくていいという意味ではなく、重要な15%を見つけ出してエネルギーを注ぎ込むことで成功を手繰り寄せることができるということです。この分析結果を元に、情報共有の社内会議を禁止にしてITツールを使いこなすようにしました。Ｅｘｃｅｌ利用も禁止にして自動化ツールで計算・分析するようにしました。私はパワポ資料を作ることも手放し、リモートアシスタントさんに作成してもらっています。

こうして過去を振り返ることで無駄がわかり、やめることを決めることができます。やめることによって生み出された時間を未来の成長に充当します。これが本質的な働き方改革だと信じています。

私たちの想定以上にテクノロジーが進化して、私たちを取り巻く環境も否応なく変化することでしょう。

こうした急激な変化に気づくと「不安」を感じる人がいます。「不安」を感じることはチャンスです。第2章で述べた通り「不安」というのは意識が過去ではなく未来に向いている証拠です。新たな思考法を身に付けて、新たな行動をしようとしている証拠です。

挑戦をし続けなければ成長も成功もありません。挑戦には必ずデメリットがあります。しかし、デメリットよりメリットのほうが大きければ挑戦するのです。失敗しても修正して次に生かせばいい。失敗、失敗の後に成功があるのですから前へ進む。うまくいかないと不安だから行動を修正する。それが進化と成長です。不安をもっている自分をポジティブだと捉えて、行動に移しましょう。

この書籍も読んで終わりだともったいないのです。ぜひご自身のビジネスやプライベートで活用してみてください。この書籍を読み終えて少しでもワクワク感をもってくれたら嬉しいです。

著者紹介

越川慎司（こしかわ・しんじ）

株式会社クロスリバー代表取締役 CEO、株式会社キャスター執行役員

国内外の通信会社に勤務を経て、2005 年にマイクロソフト米国本社に入社。のちに日本マイクロソフト業務執行役員として PowerPoint や Excel 含む事業の責任者。2017 年に働き方改革のコンサルティング会社であるクロスリバーを設立し、メンバー全員が完全リモートワーク、週休 3 日、複業（専業禁止）を実践。800 社以上の働き方改革や事業開発を支援。講演・講座は年間 400 件以上。著書 22 冊『AI 分析でわかったトップ 5% 社員の習慣』（ディスカヴァー・トゥエンティワン）、『仕事ができる人のパワポはなぜ 2 色なのか ?』（アスコム）など国内外でベストセラーに。

https://cross-river.co.jp

アチーブメント出版

twitter	@achibook
facebook	https://www.facebook.com/achibook
Instagram	achievementpublishing

より良い本づくりのために、ご意見・ご感想を募集しています。
お声を寄せてくださった方には、抽選で図書カードをプレゼント！

17万人をAI分析してわかった
いやでも成果が出る考動習慣

2023年（令和5年）3月1日　第1刷発行

著　者　越川慎司
発行者　塚本晴久
発行所　アチーブメント出版株式会社
〒141-0031
東京都品川区西五反田2-19-2　荒久ビル４Ｆ
TEL 03-5719-5503／FAX 03-5719-5513
https://www.achibook.co.jp

装丁　鈴木大輔（ソウルデザイン）
本文デザイン・DTP　次葉
イラスト　大野文彰
校正　株式会社ぷれす
編集協力　est 株式会社
印刷・製本　株式会社光邦

ISBN 978-4-86643-125-3